TU HIJO
DE UNO A
TRES AÑOS

ANNE BACUS

TU HIJO DE UNO A TRES AÑOS

Trimestre a trimestre, los dos años más importantes de su vida

EDICIONES MEDICI

La edición original de esta obra ha sido publicada en francés
por Marabout, Bélgica, con el título

VOTRE ENFANT DE 1 À 3 ANS

Traducción
Marta Pérez

Diseño de la cubierta
Cèlia Vallès

Tercera reimpresión 2008

ISBN 978-84-86193-68-3
Depósito legal B. 187-2008
Printed is Spain
Hurope, s.l.

ÍNDICE DE MATERIAS

INTRODUCCIÓN

Ningún otro período es tan importante en la vida futura de un niño como sus tres primeros años. Conviene pues, en nuestra calidad de padres, estar especialmente atentos.

Ofrecer a un hijo todo el amor, la experiencia y la educación que necesita para desarrollarse de un modo feliz y equilibrado no exige absolutamente ningún don ni unos estudios especializados. Una mezcla de ternura, paciencia, entusiasmo y sentido común dará excelentes resultados.

Sin embargo, también resulta esencial conocer bien al niño. ¿Qué grandes etapas atraviesa? ¿A qué dificultades o a qué miedos se enfrenta? ¿Qué pasa en su mente y en su cuerpo a tal o cual edad? El presente libro ha sido publicado para responder a estas preguntas.

Seguir muy de cerca los adelantos de un hijo en todos los terrenos y su desarrollo físico, psicológico, afectivo o social, nos permitirá resolver mejor los numerosos problemas educativos que sin duda han de suscitarse.

Un día u otro, todo padre se siente perdido e inerme ante ese hijo que llora sin motivo aparente, rechaza la cuchara, de pronto le tiene pánico al baño, le cuesta ir limpio, se levanta a media noche o arma unas pataletas espantosas. Uno querría estar tranquilo y disponible; en cambio se encuentra agotado, tenso y no sabe si dejarle hacer o actuar con severidad.

En este libro no se tratan los problemas muy específicos o puramente médicos, psiquiátricos o económicos. Pueden producirse entre uno y tres años como en cualquier otro período, pero son demasiado complejos para abordarlos de una manera que le resulte útil a cualquier lector.

En los largos años que he tratado con los padres de niños pequeños, nunca me han preguntado: «¿Cuándo le saldrá el próximo premolar?», o «¿Qué debo hacer si tiene treinta y nueve de fiebre y se ahoga?».

Las cuestiones de dentición, estatura y similares pierden importancia a partir del año y son competencia del pediatra en las visitas de supervisión. Las preguntas sobre las enfermedades surgen frecuentemente de una urgencia; más vale llamar al médico que buscar la respuesta en un libro.

En contrapartida, otras consultas como: «¿A qué edad puedo empezar a sentarle en el orinal?», «¿Cuáles son los juguetes más adecuados para su edad?», «¿Cómo hacerle comer cuando no quiere?», o incluso «¿Cómo evitar que muerda?», son casi cotidianas.

Estos interrogantes permanentes, que dejan a los padres desarmados en su función educativa, son los que deseo responder con prioridad.

El presente libro, puesto que recoge cuanto se sabe hoy en día sobre el mundo del niño, ayudará a los padres, o yo así lo espero, a encontrar la actitud apropiada. Proporciona asimismo información y consejos que ya han demostrado su eficacia.

No obstante, cada niño es único, cada padre tiene su historia, cada familia presenta sus peculiaridades y procede de una cultura concreta. Una simple publicación no basta para contestar con precisión a todas las posibles dudas.

Por consiguiente, cada uno debe asumir sus responsabilidades y decidir, con un cierto conocimiento de causa, sus opciones educativas. Lo que importa es que todos los padres introduzcan a los hijos a su manera en una relación de confianza, de respeto, de seguridad y de amor.

El primer año de la vida de un niño es más bien sosegado. Como indica mi obra precedente, *Tu bebé de un día a un año*, esos doce meses se componen de mutuos descubrimientos y de un progresivo despertar.

Los dos años siguientes son mucho más movidos, pero igualmente apasionantes. Aparecen complicaciones sobre todo en los capítulos de la alimentación, el sueño o el carácter. El bebé, hasta ahora tan acorde con los sueños que nos habíamos forjado respecto a él, se vuelve más exigente y más difícil de entender a medida que crece.

Al hacerle portador de sus esperanzas y sus ilusiones, los padres querrían siempre que su niño fuese inteligente, dócil, precoz, talentoso y alegre. Darían cualquier cosa por ahorrarle fracasos y preocupaciones. Por lo tanto, les cuesta mucho trabajo aceptar las pequeñas dificultades cuando surgen.

Así, es bueno saber de antemano que el niño de entre uno y tres años pasa por una especie de «mini adolescencia», a menudo conflictiva. Las crisis atravesadas, que en algunos momentos nos lo hacen insoportable y en otros absolutamente delicioso, son inherentes a la construcción de su personalidad.

Al comienzo de este período, todavía es un bebé que tanéis en brazos. Al final es una niña o un muchachito que está en el jardín de infancia y nos dice «Adiós, hasta la tarde» agitando la mano en la puerta del parvulario.

Es este camino, sembrado de inmensos placeres, de hallazgos y de barreras, un camino que lleva al descubrimiento de la autonomía, el que padres e hijos van a recorrer juntos.

ADVERTENCIA

Todos los niños son diferentes. No tienen ni el mismo temperamento ni los mismos gustos, y está bien que así sea. Algunos desarrollan antes sus capacidades físicas globales, otros su habilidad manual, y otros el lenguaje. El niño «medio» es una falacia, una abstracción. Sin embargo, es el que hay que describir en un libro destinado al público en general.

En consecuencia, ningún padre debería sentir ni orgullo ni inquietud si las adquisiciones de su hijo no coinciden matemáticamente con las edades propuestas en estas páginas. Las variaciones, a veces importantes, no tienen en la gran mayoría de los casos ninguna incidencia en el futuro del pequeño. Se debe poner especial empeño en respetar y alentar el ritmo de cada uno.

Cuando en mi libro empleo el «usted», hay que interpretarlo siempre en plural. Me dirijo, salvo en casos muy particulares, al padre y a la madre. Los padres actuales se sienten, por lo común, muy vinculados a la educación de sus hijos y comprometidos con la atención y los cuidados cotidianos que necesitan.

Aunque, tratándose de niños de corta edad, la madre continúa siendo el eje central, el padre tiene un papel primordial y específico que desempeñar frente a su hijo en esta fase de su vida.

A lo largo de la obra he utilizado el concepto «niño» para los dos sexos. De igual modo, la palabra «paterno» se utiliza como un genérico aplicable a la pareja y no solamente al padre.

EL NIÑO DE 12 A 14 MESES

¿QUIÉN ES EL NIÑO DE 12 A 14 MESES?

LA PERSONALIDAD

Al cumplir un año, el niño tiene ya una personalidad bien afirmada. Lo que le caracteriza es una **inmensa curiosidad** por todo lo que le rodea. Tanto si gatea como si ya camina, tiene un propósito definido. Le apasionan los objetos pequeños, los insectos minúsculos, las motas de polvo. Las puertas de los armarios ejercen sobre él una atracción nada desdeñable, lo mismo que hacer inventario de su contenido.

Los padres deberían preservar esta curiosidad, sean cuales fueren los inconvenientes marginales, y acompañar al pequeño en sus descubrimientos. Efectivamente, ese mismo deseo de conocer derivará, más tarde, en el interés por la lectura, la escritura y todos los conocimientos. Ser curioso es una buena cualidad; atestigua un impulso vital importantísimo.

Pero fomentar esta curiosidad supone también canalizarla hacia el entorno del niño. Hay que dejarle tocar y explorar, sí, pero a condición de que lo haga **sin riesgo** para él, para el prójimo ni para nuestros objetos favoritos.

El niño detesta que pongan trabas a su libertad de movimientos. No sólo se ha terminado el parque, sino que incluso aguantarlo sentado en una trona (o sillita alta) es una prueba que no debe prolongarse mucho tiempo. Tender a un niño de esta edad en la mesa de aseo para cambiarle y vestirle cobra a veces visos de proeza. ¡Tenemos suerte de que todavía sea fácil distraer su atención durante un tiempo!

Un año de edad es, además, el principio de los **miedos infantiles**, que seguirán desarrollándose a lo largo de los dos años siguientes. Unos niños son sensibles a los ruidos fuertes, mientras que otros temen el agua del baño, la oscuridad o los desconocidos.

Todas estas reacciones son respetables y confirman que el pequeño crece. Más adelante veremos cómo pueden contribuir los padres a que un hijo afronte sus miedos, reconfortándole y sin acuciarle.

El niño de esta edad posee también una dulzura inigualable; es un placer recibir sus carantoñas y sus sonrisas. Sólo tiene un defecto: empieza a conocer los celos, y tolera muy mal que su madre se ocupe de otra persona. Opina que él y nadie más que él debe ocupar el centro de su universo.

EL DESARROLLO FÍSICO

El niño **se desplaza solo**, ya sea gateando o de pie, con o sin ayuda de una mano adulta. Que no ande solo no es importante a esta edad, ni le impide en modo alguno avanzar a gran velocidad. Sus progresos serán notables en los meses venideros: aprenderá a mantener el equilibrio, se pondrá de pie y luego se soltará.

Cada niño tiene su ritmo. Lo esencial es que explore, que esté activo. Ya sabe sentarse y volverse a levantar sin ayuda, lo que constituye un rotundo progreso. Se ejercita en trepar, en escalar, y las caídas, si son abundantes pero benignas, no le desanimarán.

Las manos se hacen más hábiles, y algunos niños ya son capaces de beber en su vaso sin causar mucho estropicio. Otros construyen una torre superponiendo dos cubos, que sostienen uno en cada mano, lo cual demuestra un buen dominio de los movimientos. Encaran el pulgar y el índice en una pinza que da precisión a sus acciones, por ejemplo atrapar un pedacito de comida o una mota de polvo.

No obstante, la **boca** continúa siendo un **elemento capital** para el conocimiento de los objetos. El niño explora y descubre las cosas gracias a ella, más aún cuando el crecimiento dental hace las encías particularmente sensibles.

EL LENGUAJE

El primer año de edad marca los auténticos inicios del lenguaje. El niño no habla todavía, pero acumula **material verbal** con suma facilidad. Es muy necesario hablarle a menudo, comentar sus actuaciones y su vida cotidiana y hacerlo en un lenguaje claro, directo y muy simple. También se le pueden enseñar los nombres de las distintas partes del cuerpo, primero sobre un muñeco, después usando su propia anatomía.

Por descontado, estas enseñanzas hay que impartirlas **en forma de juego** y no de lecciones, ¡y más de una vez terminarán en una sesión de cosquillas! Aunque el niño no hable, se comunica. No sólo comprende lo que le dicen y puede obedecer órdenes sencillas (*«Pásame la pelota azul»* o *«Recoge la galleta, por favor»*), sino que se hace entender muy bien. Y además, si no maneja las palabras, domina al menos la entonación.

LA SOCIABILIDAD

Las relaciones con los demás niños no suelen estar presididas por una gran consideración. El pequeño puede mostrarse amable un momento para pegarles al siguiente. **El juguete que tienen en su mano los otros siempre será más bonito** y más atractivo que el propio, aunque a ojos de los adultos sean rigurosamente los mismos o haya un tercer juguete, idéntico, tirado en el suelo.

Sin ninguna duda, en cuanto el pequeño lo vea intentará apropiárselo. Ese juguete está vivo, es divertido puesto que le gusta a otro; el niño de esta edad dota al objeto de cualidades propias porque no sabe que solamente las personas dan vida al mundo inanimado.

Sus relaciones con los adultos son más armoniosas. El niño reclama su presencia, su atención. Sabe tirar de la manga a quien cocina, cerrar el libro de quien lee, o incluso hacer una travesura para interrumpir una conversación telefónica. Y es que, por encima de todo, **le encanta tener un público**, que sabe ganado de antemano, dispuesto a aplaudir sus gracias.

► Es precisamente en esta época cuando los padres tendrán que asentar los cimientos básicos de **la firmeza**. En el curso del primer año la autoridad no tenía ningún sentido. Ahora, habrá que empezar a enseñar al niño el significado de la palabra «no».

Muchos padres creen que tienen tiempo de sobra y se encuentran, un año después, con un pequeño diablo que no saben por dónde atacar. Es preferible implantar **con suavidad** y progresivamente las reglas que facilitarán, en el futuro, la vida a todos.

JUEGOS Y JUGUETES

Los juegos favoritos del niño consisten en **empujar y estirar, llenar y vaciar**. Es mejor poner a su disposición muchos trastos pequeños a los que tenga libre acceso.

Un cajón bajo que sea suyo, un departamento de armario en la cocina o el cuarto de estar, una estantería, grandes tambores o cajas de cartón llenos de mil tesoros inofensivos y renovados regularmente, harán siempre sus delicias. Además, le gustará tanto devolver las cosas a su sitio y llenar los recipientes como vaciarlos.

Entre sus juegos favoritos destacan también los del baño, las pelotas, los aros para ensartar, y todo lo que se apila y se encaja.

Por último, tiene una peculiar afición a los **juguetes ruidosos**; cuanto más estruendo arma, más fuerte se siente, lo cual no es del agrado de todos los padres...

Los adultos, y los padres de una forma privilegiada, son los interlocutores preferidos en los juegos de un niño de un año.

Perseguir, atrapar, esconderse, hacer cosquillas, saltar a los brazos, repetir estribillos, son sus grandes placeres, y sin ningún género de dudas sus juegos favoritos.

De los adultos obtiene estímulo, risa, emociones. Aprende palabras y aprende a vivir.

LOS PRIMEROS PASOS

La etapa de caminar es mucho más importante y decisiva para el cambio de comportamiento del niño que su primer cumpleaños, con el que acostumbra, erróneamente, a asociarse. De hecho, la facultad de andar se adquiere **entre los diez y los dieciocho meses**, cifrándose la media de niños andantes en los catorce meses.

Si un niño de dieciocho meses todavía no camina, hay que intentar, junto con el pediatra, averiguar las causas. Pero hasta esa edad no se debe abrigar ninguna inquietud; el momento de echar a andar no está ligado a ninguna otra faceta del desarrollo. La precocidad en este terreno no indica que el niño vaya a serlo en los restantes.

El desarrollo de la capacidad de andar se basa al mismo tiempo en una **madurez** suficiente, tanto física como psíquica, y en el **temperamento** del pequeño. Los activos, los que ansían salir a descubrir, caminan normalmente en una época temprana; los pacíficos, aquellos que prefieren observar, se toman algo más de tiempo.

Sin embargo, cuando están a punto, todos lo dan a entender claramente. Su necesidad de entrenarse en la automoción prima sobre todas las demás. Invierten en ella la mayor parte del tiempo, y las caídas no los acobardan.

A la edad de un año, los niños pueden estar en fases diferentes en lo que respecta a la marcha. Algunos van a cuatro patas, de rodillas o sobre la planta de los pies, y se sienten satisfechos. Generalmente han desarrollado la rapidez y la agilidad que les interesan por ahora. Los que se apoyan en las manos y los pies suelen erguirse más deprisa.

Otros niños de un año están largo tiempo de pie, sujetos a los muebles, e intentan caminar pasando de un agarradero a otro. Y, por último, también los hay que ya se han soltado y salvan sin contratiempos los pocos pasos que separan al adulto que les incita a lanzarse del que les tiende los brazos para acogerlos.

La marcha es también una etapa importante **en el plano simbólico**. El niño erguido se integra en el mundo de los humanos y sale de la primera infancia. A partir de ahora podrá conquistar su autonomía.

Los padres sienten que su pequeño se les «escapa» en un sentido tanto real como figurado. El niño volcará en ello todas sus energías, y esta lucha por la independencia, por el reconocimiento de una existencia autónoma y completa, será el mayor desafío de su segundo año.

El hecho de andar, al liberar las manos, permitirá al pequeño hacer **enormes progresos en otros muchos campos**. Ahora que él también puede alejarse y volver, vencerá verdaderamente la angustia de los meses anteriores, cuando sufría impotente las idas y venidas de sus padres. Su mundo se ensancha, quiere conocerlo todo.

No obstante, pronto topará con algunos **límites**: los que le impongan sus padres y los que intuirá él mismo. Las frustraciones resultantes serán las grandes dificultades de los meses subsiguientes.

► Se puede ayudar a un niño a entrenarse en la marcha cuando se advierta que está a punto de soltarse. Un primer método consiste en proporcionarle un **apoyo móvil** (un respaldo de silla, un taburete o un cochecito). El pequeño lo aferrará con ambas manos y caminará con una cierta retención.

Otro sistema es **animarle** cada vez que lo intente. Y si el niño cae de nalgas, es absurdo precipitarse: los pañales habrán amortiguado el golpe. Más vale «desdramatizar» con la voz y exhortarle a que se levante.

En el transcurso de los próximos meses, abundarán las caídas. El niño tiene que comprender que no son graves y, para lograrlo, es decisiva la actitud de los padres. **Darle confianza** en sus capacidades físicas implica que no nos detengamos ante el primer obstáculo.

LAS COMIDAS: EL PRINCIPIO DE LA AUTONOMÍA

En este período de su vida, todo niño reivindica con voz alta y clara que le dejen hacer solo lo que antes le hacían habitualmente los demás. Alimentarse no es una excepción. La cuchara que antes nos permitía sostener, ahora querrá quitárnosla.

Evidentemente, como no sabe utilizarla, la pone del revés, derrama el alimento, queda todo pegajoso, y en la cocina se organiza una auténtica catástrofe. Algunas veces, para ir más deprisa, hunde directamente las manos en el puré de verduras y se embadurna a conciencia.

El resultado es totalmente desastroso, y más de una madre tendrá la tentación de recuperar la cuchara de una vez por todas. Sería un error. **Si su hijo no se entrena, ¿cómo aprenderá a comer solo?**

Se ven demasiados niños de dos años a los que hay que alimentar, simplemente, porque ha pasado la edad en la que querían aprender sin que les dieran la posibilidad. Comer solo, como caminar, es el principal baluarte de su autonomía en esta época, y desde luego, es bueno respetarlo.

▶ La nueva etapa requiere algunos reajustes. **En lugar de usar una sola cuchara**, resulta muy práctico **tener dos**: una para el niño, que hará con ella sus intentonas pero no se llevará mucha comida a la boca, y la que sujeta el adulto. Así la criatura se ocupa y se adiestra mientras le alimentan.

Otro arreglo consiste en **proteger la mesa y el suelo**, y luego dejar al pequeño a su aire. Si lo desea puede extender una tela plastificada lavable con la bayeta o bien papel de periódico, que se desecha fácilmente al terminar.

Para proteger al niño, existen **baberos de plástico** que salvan el alimento. También puede confeccionarle un **delantal con mangas**, que se abroche por detrás como algunas batas de pintura, cortado en una tela impermeable o aprovechando camisas viejas.

No queda ya sino dejarle hacer, aunque procurando mantener un cierto control. A lo largo de este segundo año el niño tendrá ganas de jugar con la comida, del mismo modo que se entretendrá jugando con la arena, el barro o la pasta de modelar. Así son las cosas. Si usted toma partido y conserva la serenidad, comprobará que sus progresos son rápidos y que, antes de cumplir los dos años, come muy correctamente.

No importa si se echa a perder un poco de alimento o si el pequeño se ensucia mucho al comer: la finalidad no es todavía enseñarle buenos modales, un aprendizaje que debe dejarse para más tarde, sino inculcarle por una parte **el placer de sentarse a la mesa**, y por otra la **capacidad de apañarse solo con su comida**.

Dicho esto con toda claridad, nadie está obligado a aceptar que su hijo vuelque voluntariamente sobre el suelo el contenido de su plato, ni que utilice el puré para estucar las paredes. Siempre queda el derecho a decir «basta» y retirar sencillamente el plato si el niño continúa a pesar de todo.

► Se pueden asimismo **limitar los daños adaptando los menús**. Con la sopa hay pocas soluciones, como no sea dársela espesa, en forma de puré vegetal.

En cambio, existe la alternativa de ofrecer al niño comida sólida en **trocitos pequeños**, cómodos de masticar y de tragar, que pueda coger él solo y metérselos en la boca. En ese caso los dedos tomarán, sin consecuencias nefastas, el relevo de la cuchara.

Los alimentos que pueden servirse troceados son muy diversos: **verduras crudas** (tomates, pepino) o **cocidas** (guisantes, judías verdes, patatas cortadas en cubos, juliana), **cereales** (pastas, arroz, granos de maíz, cereales para el desayuno), **pedazos de hígado o de jamón, pescado desmenuzado**, **frutas peladas y cortadas**, y muchos otros.

EL CANSANCIO EN LA GUARDERÍA

Muy pronto, si no ha sucedido ya, la directora del centro donde cuidan a su bebé le anunciará que va a pasar al **grupo de los «medianos»** (una palabra muy fea pero que se emplea con frecuencia), compuesto por niños de entre uno y dos años.

Ese paso es importante para los padres tanto en el plano simbólico, porque su hijo ya no es un bebé, como en el práctico: ¿sabrá adaptarse siendo aún tan pequeño?

También para el niño constituye un gran salto. Pese a sentir una ligera ansiedad completamente normal, sabe que va a descubrir nuevas actividades, un ritmo de vida más constante, mayores posibilidades de acción.

La adaptación a estas nuevas condiciones de vida será generalmente más fluida siempre que el pequeño cambie de sección a la vez que un grupito de niños de su edad y que la puericultora (es decir, la puericultora que se ocupa más individualmente de él).

Este paso al grupo de los «medianos» se desarrolla normalmente sin complicaciones, después de un tiempo de adaptación más o menos largo. Pero, de forma inevitable, surgirá un problema en las semanas y los meses siguientes: el niño está muy cansado. Esa fatiga se debe a tres motivos fundamentales:

- **El grado de actividad es más continuo**, los niveles sonoros y de agitación permanente, más elevados. Los niños caminan, corren, escalan, intercambian experiencias, se pelean... Es comprensible que al final del día el chiquillo tenga «la cabeza como un bombo».

■ **El niño ya no tiene una cama accesible permanentemente**, sino un colchón, guardado en una pila el resto del tiempo, que se coloca sobre el suelo a la hora de la siesta.

A menudo se habilita en la sala un «rincón para el descanso», pero al pequeño no le es fácil dormirse con todos los compañeros gritando y alborotando a su alrededor. Sin embargo, algunos niños que llegan a la guardería a partir de las siete de la mañana han tenido que despertarse a eso de las seis.

■ Añadamos a lo anterior las **largas jornadas** que hacen los niños en este ambiente (más que los padres, puesto que hay que sumar el tiempo de transporte), y tendremos una idea bastante aproximada de la fatiga que va a sentir el pequeño en los primeros meses. De hecho, su cansancio se prolongará hasta que el organismo se habitúe y pueda compensar la ausencia de sueños cortos con una buena siesta después de comer.

Durante esta fase, las «exigencias sociales» sufridas por el niño son muy poco respetuosas con los procesos biológicos, sometidos, como es lógico, a los ritmos naturales.

No es raro pues que aparezcan trastornos de conducta, debidos todos a una misma causa: el agotamiento. Ese estado se traduce durante el día en pérdida de vigor, falta de atención, alteraciones leves del comportamiento (por ejemplo, irritabilidad), dificultades para comer bien al mediodía (el niño se duerme en la silla o deja caer la cabeza en el plato).

Por la tarde, cuando vaya a recoger a su hijo, la fatiga se manifestará casi siempre a través del llanto y de una **irascibilidad** muy difícil de gobernar. La puericultora le dirá que ha jugado y correteado alegremente todo el día (lo cual es cierto), pero a los padres les reserva las lágrimas.

No se disguste demasiado: no deja de ser una **prueba de confianza**. Al ver a su familia el niño puede, por fin, demostrar su laxitud y abandonarse. De vuelta al hogar, apenas tendrá tiempo de bañarle y darle la cena antes de meterle en la cama. A veces se desplomará incluso antes.

▶ Esta situación es frustrante, aunque por regla general no dura mucho. La única solución, si puede adoptarse, es **reducir el tiempo que pasa en la guardería**. Es muy positivo que el niño se despierte espontáneamente por la mañana (prueba de que ha dormido lo suficiente), y que al término de la jornada tenga ocasión de reencontrarse con sus padres, su casa, sus juguetes y sus hermanos.

Si puede recurrir a un abuelo, una «canguro», otra madre, una estudiante o, en suma, a alguien que esté en disposición de **dejar al niño más tarde** por la mañana o **ir a buscarle más temprano**, hágalo sin vacilar.

Si no, procure que su hijo haga una vida ordenada y que **compense** la falta de sueño por la noche y durante el fin de semana.

EL DESPERTAR DE LOS CELOS

Al principio del segundo año, el niño pequeño empieza a exteriorizar claramente sentimientos complejos, siendo los celos uno de los más evidentes.

A partir de los diez o quizá doce meses ya dio las primeras señales, mediante unos gruñidos característicos. Pero anteriormente no se preocupaba por las relaciones existentes entre otras dos personas de su entorno. Sólo le interesaba su propia relación con cada uno.

Ahora, lo que le irrita sobremanera es que su madre, o la persona que lo cuida a él regularmente, entable una comunicación intensa con alguien más.

¿Que sus padres se hacen un mimo o se besan? El niño se las ingenia para desviar su atención y hacer que le cojan en brazos. ¿Que la madre estrecha contra sí a uno de los hermanos? Intentará interponerse entre ambos, o tal vez llegue a agredirles físicamente. Otros no intervienen de manera tan directa, pero protestan, gimotean, lloran o tienden los bracitos.

El niño ha adquirido la facultad de presentir los vínculos que unen a la madre con las demás personas de su círculo, y sufre porque no es el objeto exclusivo de su cariño y sus desvelos.

Por un lado, él querría «colmar» a su madre. Por otro, vive estas situaciones como **frustraciones reales**. Consecuentemente, reacciona de un modo comparable a la actitud que toma cuando no consigue un objeto muy deseado: se agita, se queja o repudia al tercero como si fuese un obstáculo a su relación primera y privilegiada.

Esta visión triangular es el modelo del conflicto edípico que se cimentará en los años siguientes, y que los psicoanalistas consideran constitutivo del individuo. Se trata de un **progreso importante del niño**, que se sitúa mejor en su contexto, aunque su reacción pueda parecer egocéntrica.

▶ ¿Cómo actuar? En primer lugar hay que entender que, a esta edad, el niño depende afectivamente de su madre. Por otra parte, sus deseos son más obvios y empieza a poner en práctica estrategias de oposición para conseguir sus propósitos.

La actitud de puro sentido común es **ratificarle** al niño el amor y el interés que nos inspira, pero afirmando con igual rotundidad los sentimientos que ligan a la madre a su pareja y sus otros hijos.

El niño debe aprender suavemente, desde la ternura y la amabilidad, que se le quiere con toda el alma pero que no es el único foco del cariño de su madre. El padre desempeña aquí un papel clave, haciéndole llegar el siguiente mensaje: *«Yo también quiero a mamá, y soy correspondido. Era mi mujer antes de ser tu madre, así que deja que nos abracemos y luego te haremos un arrumaco a ti.»*

LOS PELIGROS DEL SOL

En primavera y en verano, a todos nos vienen de perillas los fines de semana largos, los puentes, el campo y la brisa fresca. Aprovechamos nuestros días libres para sacar a nuestros hijos donde puedan tomar el aire y el sol.

Salir juntos de excursión y pasar fuera el máximo tiempo posible no tiene más que ventajas, a condición de que se adopten cierto número de precauciones. Cuanto menor sea la edad del niño, más imperiosas son estas últimas.

A la edad de un año la piel de algunos pequeños es todavía muy frágil, y son sensibles a las variaciones climáticas.

■ Para empezar, hay que pensar en la **temperatura**. Puede subir muy deprisa en un automóvil expuesto al sol. Es imprescindible que la sillita del coche esté siempre **a la sombra** (en caso extremo, puede cubrirse el cristal de atrás con una toalla de rizo).

Siempre que se pueda, se evitará viajar en las horas más calurosas y/o cuando haya embotellamientos. Si se recalienta el interior del vehículo, lo más sensato es detenerse.

■ Un segundo factor es la **deshidratación**. En el niño de un año no es tan inmediata como en un bebé, pero aun así podría resultar muy penosa. Para prevenirla, hay que **darle a beber mucha agua**, tanta como le apetezca al niño.

Si se le detecta fiebre, o si presenta un cuadro de vómitos o diarreas, cabe temer una congestión y habrá que refrescarle enseguida.

■ Por último están las **quemaduras** del sol, que pueden aparecer rápidamente en una piel poco curtida.

La exposición debe ser muy progresiva y empezar por las piernas. Es preferible evitar las horas del mediodía, cuando más quema, pero en cualquier circunstancia conviene untarle sistemáticamente la cara con una crema solar de **«protección total»** (dado que los índices varían de una marca a otra, la numeración no es siempre indicativa).

No se debe tapar al niño: como mejor se sentirá es con el torso desnudo o con una camiseta muy fina.

Si están fuera y el calor aprieta, quítele el pañal a su hijo y deje sus muslos al aire. El sol es un remedio supremo contra las irritaciones. ¡Feliz fin de semana!

EL SILENCIO DE LA NOCHE

Muchos padres creen que los niños pequeños necesitan con urgencia silencio para dormir bien y se esfuerzan en mantener la casa sin el menor ruido en las horas de sueño, cerrando con sumo cuidado las puertas de comunicación entre su dormitorio y la sala de estar.

No obstante, más de una vez ocurre lo contrario. Al no oír nada, los pequeños **imaginan que han sido abandonados**, que están solos en casa. Llenos de miedo, se levantan y suelen presentarse en el salón para confirmar si realmente papá y mamá siguen allí, vivos y contentos.

Otro efecto contraproducente del silencio que se guarda en torno al sueño infantil desde el nacimiento es que genera, en la mayoría de los niños, una mayor **sensibilidad al ruido**. Si los adultos se empeñan en andar de puntillas y hablar en voz baja después de acostarle, el niño corre el riesgo de enviciarse y reaccionar al más tenue rumor.

En primer lugar, le alertarán los ruidos de la casa como el timbre del teléfono, el crujir del parquet o un estornudo violento, puesto que no tiene el hábito de oírlos. Pero también pueden despertarle los ruidos exteriores, que rompen el silencio ambiental y son aún más inquietantes al no respaldarlos ningún elemento «familiar». Un chirriar de neumáticos, un bocinazo, una motocicleta que arranca o las sonoras voces del vecino se convierten así en importantes causas de ansiedad.

Está comprobado que la sensibilidad de los niños al ruido es muy variable. Si a unos no parece molestarles ni aun el mayor estruendo y se dormirían en pleno concierto de «rock», a otros les cuesta aislarse mentalmente y tienen el sueño más ligero.

▶ Creo, resumiendo, que es bueno dejar la puerta de la habitación del niño entreabierta, sobre todo si duerme solo, para que pueda permanecer en contacto, aunque de lejos, con los **ruidos domésticos**, las **actividades de sus mayores** y las **voces de los seres queridos**.

Hagamos, de pasada, un comentario puntual sobre la televisión.

Esas voces extrañas, impersonales, que no hablan con nadie pero que vuelven a los padres inaccesibles e impacientes por concluir el ritual de acostarles, pueden provocar algunas inquietudes en el niño.

Si ocurre así, se levantará para ver qué encuentran tan interesante y asegurarse de que, a sus ojos, él lo es todavía más.

LA INCIPIENTE DISCIPLINA

Hasta cumplir un año, por así decirlo, la cuestión de la disciplina ni siquiera se plantea. Se trataba ante todo de respetar las necesidades del niño y de infundirle confianza en sí mismo y en sus padres. Las «travesuras» no podían sancionarse como tales, porque el pequeño aún no era responsable de su comportamiento. Era imposible exigirle que controlase sus actos: no tenía esa capacidad. La mera sensatez nos desaconsejaba favorecer la tendencia a los caprichos ofreciendo constantemente al niño más de lo que él pedía.

A partir del año, las perspectivas cambian. Su radio de investigación se amplía a la medida de su curiosidad. El hecho de caminar le abre nuevos horizontes, y emprende sus exploraciones con gran entusiasmo. Durante este período, el niño necesitará **mucho espacio y mucha libertad**: ¡tiene tanto que aprender! Hay que tener presente que un exceso de restricciones o de impedimentos, a esta temprana edad, podría socavar su confianza y destruir el afán de conocer.

Sin embargo, también es ésta la época en la que hay que imponer las **primeras prohibiciones**. Los padres advertirán que dicen «no» a su hijo cada vez más a menudo. Quiere tocarlo todo, pero estropea y rompe. Algunas veces pega o muerde. Tolera muy mal que se opongan a sus deseos. Por otra parte, no comprenderá enseguida el valor de estas primeras negativas. ¿Es sólo una palabra que mamá pronuncia porque sí, o tiene un mayor significado? ¿Es válida únicamente para hoy, o mañana valdrá también?

Todas estas preguntas que se formula el pequeño son determinantes para el futuro de su educación. No hay que extrañarse si busca las respuestas a través de lo que nosotros denominamos la «provocación», y que generalmente son pruebas. Incluso aunque nos mire directamente a los ojos mientras vuelve a hacer lo que acabamos de prohibirle, no es que se haya quedado sordo ni que quiera enfadarnos. Es mucho más sencillo: tan sólo aprende.

► ¿Cómo reaccionar frente a un niño de esta edad? El margen de maniobra es bastante estrecho. Digamos que los padres deben tener a su hijo en «libertad vigilada». A continuación se exponen algunos consejos.

■ **Habilite el espacio** donde evoluciona el niño, de tal manera que se mueva con toda seguridad para él y para los objetos valiosos de la casa.

■ **Limite las prohibiciones** a un número reducido, ya que si no pasará todo el tiempo intentando que las acate o gritando, y tiene cosas mejores que hacer con su hijo.

En contrapartida, arrégleselas para que el niño comprenda que sus *noes* son auténticas negativas, y no solamente sonidos a los que puede hacer oídos sordos. Demuéstrele desde ahora que su paciencia y su voluntad son superiores a las de él.

■ Si observa que su hijo se dedica a una actividad prohibida, **reconduzca su interés** hacia otra cosa antes que establecer un choque de fuerzas. A esa edad todavía es relativamente fácil. Una frase como: «*¡Oh! Fíjate en lo que se ve por la ventana*», siempre saca del apuro y le dará un poco de tiempo para decidir qué va a mostrarle en realidad.

■ Las restricciones se aceptan mejor cuando **se explican**, breve pero claramente, repetidas veces. Y ya no digamos si se **compensan** con comportamientos que sí están autorizados.

Por ejemplo: «*No, te prohíbo que escribas en las paredes. No estaría bien. Pero si quieres escribir libremente, puedes hacerlo en la enorme pizarra que tienes en tu habitación.*»

O también: «*Está prohibido darle golpes al perro. Le haces daño, y te arriesgas a que te muerda. Pero puedes acariciarle con cariño. Dame la mano y te enseñaré cómo hacerlo.*»

■ **El deseo fundamental del niño de un año no es fastidiar a sus padres, sino darles gusto**. Le encanta obedecerles cuando es compatible con sus ansias de exploración. Por eso hay que recompensarle y expresar efusivamente nuestro contento siempre que adopte una conducta «autorizada». Las otras no merecen castigos ni disputas.

LA ALIMENTACIÓN: ¿QUÉ DEBE COMER?

La alimentación del niño va a evolucionar mucho en los meses sucesivos. En primer lugar, empezará a comer solo. Además, en virtud de su dentición, iremos dejando de lado la batidora, cada vez con más frecuencia, para incluir **trozos sólidos** en su dieta.

Para la carne troceada es preferible esperar hasta el trimestre siguiente. Pero todos los otros alimentos pueden darse en pedacitos pequeños o, al principio, chafados con el tenedor.

Igual que no hay que continuar alimentando exclusivamente al niño después de los dieciocho meses, sino pasarle la cuchara, también le aconsejo encarecidamente que no utilice la batidora de una manera sistemática en los meses venideros, y que le acostumbre poco a poco a los trocitos. De lo contrario, su dificultad para aceptarlos podría ir en aumento y se negaría a usar los dientes incluso en vísperas de los dos años.

Una vez alcanzada la fase del «sólido», el **régimen se diversifica** muy rápidamente. Ya verá como, a los dos años, su hijo come de todo. Tendrá curiosidad por probar los distintos sabores, y sus preferencias quizá le sorprendan: conozco a niños de esta edad a quienes les apasionan los pepinillos, el pescado ahumado y el queso roquefort.

En los apartados siguientes propongo un ejemplo de cómo se pueden combinar las comidas entre las edades de uno y dos años (pasada esa etapa, el niño habrá completado el aprendizaje y compartirá, en la mesa, los platos familiares). Pero cuidado: un ejemplo no es una consigna. Sólo los padres conocen bien la naturaleza de sus hijos, y deberán tener en cuenta dos factores:

- **sus gustos y sus ascos,** variables de un mes a otro, pero respetables a pesar de todo;
- **su apetito**, que es el único que puede determinar la cantidad idónea que debe ingerir.

Una dieta equilibrada, compuesta de cuatro comidas diarias, donde se alternen armoniosamente nutrientes de todo tipo y dada a un niño de apetito constante, es un mito que más vale denunciar de buen comienzo si no queremos consumirnos de preocupación en los meses futuros. Los menús que aquí se exponen indican los alimentos que son buenos para un niño de esta edad, lo que no significa ni mucho menos que vaya a apreciarlos todos ni en las mismas proporciones.

En el presente libro no se encontrará ninguna referencia a la cantidad de tal o cual alimento que el niño deba comer a esta edad o aquélla. Lo repito: todo depende de su apetito y de sus gustos, algo que varía mucho de uno a otro. Incluir cifras no haría sino acrecentar la inquietud de los padres que ya opinan, en un cincuenta por ciento, que su hijo no come lo suficiente. El niño estará bien alimentado, no si se ha tragado a regañadientes sus sesenta o setenta gramos de bistec picado y dos cucharadas de espinacas, sino si se mantiene activo y con buena salud.

EL DESAYUNO

Los niños de un año suelen tomar todavía un biberón por la mañana. En ese caso, ingieren normalmente **210 gramos de leche**, a la que se añaden harinas instantáneas aromatizadas con sabores diversos.

Incluso cuando el pequeño abandone ya el biberón, tendrá que continuar tomando una cantidad razonable de leche, que puede sustituirse por yogur o queso.

Pero si se ha aficionado a su biberón matutino y se lo bebe con apetito, no hay razón alguna para suprimirlo o reemplazarlo arbitrariamente por un cuenco.

El desayuno es una **comida importante** que no conviene descuidar. Es muy corriente que los niños tengan poca hambre a esa hora, sobre todo si les apremiamos para ir a la guardería o a casa de la niñera.

Si se sabe buscar lo que le gusta, y se le da a escoger, raro sería no encontrar una fórmula que le satisfaga. Aportamos algunas ideas:

– Leche aromatizada, hervida.
–Yogur, queso blanco, petit suisse.
– Cereales mojados en la leche, copos de avena.
– Zumo de frutas, zumo de verduras, fruta fresca (plátano, manzana o kiwi).
– Una rebanadita de pan con miel, mermelada, queso fundido.

EL ALMUERZO

A casi todos los niños cuyas madres trabajan les dan el almuerzo fuera de casa. Habitualmente se elabora de un modo equilibrado y propio a su edad. Veamos lo que puede contener, a título de ejemplo:

– Un entrante de verduras y hortalizas crudas.
– Un plato principal hecho alternativamente con carne, pescado o un huevo, acompañado de verduras cocidas que se irán variando siempre que se pueda.
– Queso o yogur y/o una fruta, una compota o un dulce casero.

Hay niños que no quieren determinadas verduras: o bien las olvidamos una temporada, o bien las podemos incorporar a una sopa o un puré de patatas (durante un tiempo, el pequeño preferirá todavía los alimentos pasados y triturados antes que la ingestión de los pedazos sólidos).

De la misma manera, las carnes y los pescados pueden ser aceptados o rechazados según cómo se hayan cocinado.

No obstante, la gama de alimentos posibles es lo suficientemente amplia para no tener que batallar contra una repulsa específica; más vale buscar otras viandas que posean propiedades equivalentes.

LA MERIENDA

Esta comida accesoria conservará su importancia a lo largo de los años. En la etapa escolar, acostumbra a ser la hora en que el niño tiene más apetito... Razón de más para no nutrirle exclusivamente de pan con chocolate y pastas.

Toda merienda debería incluir un lácteo (leche misma o algún derivado), o bien un zumo de frutas si el niño ya ha tomado productos lácteos como postre del almuerzo.

Según el hambre que tenga, puede merendar asimismo cereales, una rebanada de pan común, galletas marías cocas anisadas, etc.

El «panecillo de Viena» es muy apreciado por los niños pequeños y se come más fácilmente que otras especialidades.

Haga gala de su imaginación para cubrir la rebanada: miel, mermelada, queso fundido, chocolate rallado, pasta para untar...

LA CENA

El menú ideal para la cena es el que tiene en cuenta lo que ha comido el niño en el almuerzo. No es preciso que comprenda carne ni pescado si ya los ha tomado durante el día.

Sin duda la sopa continuará formando la base de la cena, pero ya no estamos limitados al potaje vegetal (mitad verduras, mitad féculas): es hora de probar los caldos con pasta pequeña o fideos, cremas de tomate, de puerros, y un largo etcétera.

El plato principal de la cena también puede componerse de arroz o de pasta si el niño ya ha almorzado verdura al mediodía.

Por último, en días alternos, se le puede dar un huevo (duro o pasado por agua) o una loncha de jamón.

Para postre, a los niños les entusiasma el arroz con leche o un pastel de sémola que completen bien una sopa ligera, aunque una compota o un dulce casero no serán mal recibidos.

QUÉ EVITAR

Como se ha visto, esta dieta no es ni muy complicada ni muy peculiar. Es un régimen alimenticio que casi podría adoptar el conjunto de la familia. Pero el niño de un año es aún demasiado joven para asimilar ciertos alimentos que, en el mejor de los casos, tendremos que darle en cantidades moderadas. Son, de un modo genérico:

- **Las frituras** y todo lo que se guisa con grasa o aceite (es mejor optar por las cocciones al vapor, en un caldo corto, a la papillote, o natural en el horno microondas).

- **Los alimentos demasiado grasos** (repostería, cremas con mantequilla, salsas, embutidos excepto el jamón).

- **Los alimentos demasiado azucarados**: caramelos, golosinas, cremas heladas, sodas. Todo eso le corta el apetito sin apenas alimentarle, y excita las ganas de repetir. Ya tendrá tiempo de comerlo cuando sea mayor y no podamos controlar tan rigurosamente su alimentación.

LOS POTITOS Y LOS CONGELADOS

Todavía existen padres que no están a favor de dar a su hijo una comida integrada por tarritos para bebés o congelados.

De hecho, estos productos, si se respetan las fechas de caducidad y, en el caso de los congelados, la cadena del frío, son absolutamente saludables para un niño. Permiten **dar variedad a las comidas** y **ganar muchísimo tiempo**. ¿Qué padre o qué madre puede, al llegar a casa por la noche, pelar, hervir y batir amorosamente una zanahoria, un corazón de alcachofa y diez judías verdes?

No recomiendo una alimentación basada de forma exclusiva en los potitos, ya que su sabor y su consistencia están alejados, pese a todo, de la «verdadera» comida. En cambio, sacan muy eficazmente de un aprieto y se calientan con facilidad durante una salida o un desplazamiento.

Las tiendas de congelados ofrecen actualmente un surtido considerable de verduras para puré presentadas en bolitas y mezclas de verduras en dados, que son muy prácticas y permiten disponer de verduras «frescas» incluso fuera de temporada.

También en el congelador doméstico se pueden congelar pequeñas cantidades de sopa casera que tendremos siempre a mano, lista, durante varios días.

EL NIÑO DE 15 A 17 MESES

¿QUIÉN ES EL NIÑO DE 15 A 17 MESES?

LA PERSONALIDAD

Los quince meses son una etapa importante para la mayoría de los niños pequeños, más por ejemplo que el año, porque a esta edad han adquirido y consolidado realmente la **facultad de andar**. Los que todavía no caminan no tardarán en decidirse.

Es ahora cuando su hijo vivirá la gran revolución tanto en el plano físico como en el psicológico. Sus perspectivas cambian por completo al no ver ya el mundo a ras de suelo, pero se altera también, como pronto constatarán los padres, su relación con ese mundo y con quienes lo ocupan. De pie, el niño se siente más fuerte y reivindica sus derechos.

Pero caminar es también **poder escaparse**, está en esa edad pícara en la que se escabulle de las manos cada dos por tres. Para él se trata casi siempre de un juego, y adora que le persigamos simulando que somos el lobo. Para el adulto que avanza por la acera, cerca de los coches, o que esquiva al gentío en los pasillos de unos grandes almacenes, es mucho menos divertido.

El **sentido del humor** también va creciendo. Al niño le encanta gastar bromas, hacer el payaso, y no hay que coartar su placer ni el nuestro. Poder reír juntos será un don precioso más adelante: muchos pequeños conflictos son más fáciles de solventar si se tratan con humor, y saber reírse de uno mismo constituye un logro importante.

Sin embargo, al niño no todo le divierte. El desfase entre lo que le gustaría hacer (calzarse las zapatillas, vestir a la muñeca, cerrar la puerta obstruida por un juguete) y lo que es capaz de realizar provoca en él un sentimiento de **frustración** que no hará sino agravarse en los meses siguientes.

EL DESARROLLO FÍSICO

Este trimestre es esencialmente, en el terreno físico, el de la **consolidación de los avances**. Ahora que el niño empieza a saber andar, ocupará una buena parte de su tiempo en ganar seguridad en ese nuevo sistema de locomoción.

El empeño le absorberá algunos meses en los que su marcha será todavía oscilante y las caídas múltiples, lo cual no le impedirá experimentar poco a poco otras maneras de caminar: dando saltos, deambulando, corriendo, y luego hacia atrás.

A pesar de su patente afición a andar, el cansancio no tarda en aparecer y el coche-silla será de extrema utilidad para los paseos o las compras.

La **escalada** es todavía ahora, y durante un largo período, muy tentadora. Trepar por los barrotes de la cama o su silla alta, encaramarse a los sofás o, por qué no, tratar los anaqueles de la biblioteca como si fueran peldaños de una escala de mano, son hazañas comunes. La ascensión de la escalera también es interesante, pero el descenso se anuncia mucho más delicado.

Como al andar se liberan las manos que estaban ocupadas con el gateo, el pequeño se convierte bruscamente en un «**tocalotodo**». No se le escapa nada de lo que tiene a su alcance. La tarea es dura para los padres, que no dan abasto imaginando todas las trastadas posibles: ceniceros vaciados, estanterías volcadas, rollos de papel higiénico desenrollados, basuras o papeleras revueltas...

Al niño de esta edad le interesa sobremanera centrar las nociones de duro y blando. Ya sea una piedra, fango, tierra o agua, su estudio táctil le incita a golpear, sacudir, manipular y llevárselo a la boca.

Gracias a sus manos más hábiles, empieza también a **lanzar objetos**, como por ejemplo una pelota, y a soltarlos en el momento correcto. Sus acciones nos parecen sencillas, pero nos equivocamos. Soltar oportunamente, sin ir más lejos, evidencia, más que el agarrar, una evolución notable del sistema nervioso y muscular, y representa toda una proeza para un niño tan pequeño.

Por último, comienza a **garabatear** espontáneamente con un lápiz, aunque sin relacionar bien el acto con el resultado.

LAS COMIDAS

El niño ha llegado a una edad en la que su curva de crecimiento se hace más lenta. Si a eso se añade su perpetua curiosidad y sus ansias de rehuir las coacciones, se comprenderá que un pequeño que, hasta ahora, se había terminado perfectamente los purés y las sopas, empiece a crear problemas a sus padres volviéndose un **mal** comedor.

Es muy importante salvar este escollo para el porvenir de la relación y el ambiente de las comidas en los años venideros. Los padres deben guardarse de demostrar a su hijo hasta qué punto están contrariados e inquietos por su falta de apetito.

Comer no es ninguna hazaña cuando se tiene hambre, y no merece felicitación. Abstenerse de comer cuando se está desganado no justifica ni afrentas, ni bufonadas ni chantajes.

► En el momento en que el niño juguetea con la comida o la rechaza, la mejor actitud consiste en retirarle el plato y decirle: «*Parece ser que ya no tienes más ham-*

bre. En ese caso, haces bien al no forzarte. Pero prefiero que juegues con otra cosa y no con las estrellitas.» Si no recibe más alimento hasta la comida siguiente, se resarcirá engulléndola de una vez.

Actuando de ese modo, los padres evitan que su hijo crea que come para complacerles, lo cual proporcionaría un arma fabulosa a su espíritu de contradicción. Y además es falso: come a la vez para alimentarse y para su propio deleite, y jamás se dejará morir de inanición.

EL LENGUAJE

El léxico activo utilizado por un niño de quince a diecisiete meses se compone de muy pocas palabras, entre diez y a lo sumo veinte al concluir el trimestre. Pero esas palabras las sobrecarga de un sinfín de sentidos diferentes, que en general son fáciles de captar en función del contexto.

Para aprender vocablos nuevos, el pequeño **se entrena repitiendo los que oye** hasta asimilar la pronunciación. También empieza a enriquecer su vocabulario con una palabra que escuchamos sin cesar: «**no**». Este adverbio adquirirá una gran fuerza en el transcurso de los meses y se irá dotando de una eficacia sensacional.

El niño que niega es un activo interlocutor: no se resigna a acatar las órdenes del otro, sino que expresa con vehemencia sus puntos de vista. Que esos puntos de vista se opongan sistemáticamente a los de sus padres da buena fe de su voluntad de independencia y su deseo de ser tomado en serio, como un miembro de pleno derecho de su familia.

El niño incrementa también muy deprisa su léxico «pasivo», es decir, el que puede comprender pero no usar. Le hace feliz entender lo que le decimos y demostrarlo. Así, su mayor placer es **obedecer las demandas verbales** de los adultos.

Además, tendrá la impresión de ayudar y de ser útil si se le pide amablemente que haga el favor de encender la radio, ir a buscar el pijama a su habitación, tirar un sobre usado o pasarnos la cuchara que hay encima de la mesa.

JUEGOS Y JUGUETES

Entre los juegos favoritos del niño de quince meses figura el de **vaciar-trasvasar-llenar**. Es la razón de que disfrute tanto con el «chapoteo», esos maravillosos juegos acuáticos que tanto atraen a las criaturas en el baño.

Una bañera o un barreño puesto en el suelo, un chorrito de agua, un embudo, una esponja, recipientes irrompibles: todos ellos mantendrán al niño distraído y tranquilo.

Ahora que la acción de caminar le ha dejado las manos libres, les llega el turno a todos los **juguetes que se arrastran** con ayuda de una cuerda. Una carretilla baja y estable permite numerosos juegos, aunque los juguetes que hacen ruido o música al tirar de ellos tienen también mucho éxito. Por otra parte, el niño empieza a aficionarse de un modo más preciso a:

- Las cajas nido y las muñecas rusas.
- Los cubos que se encajan.
- Los bloques grandes y fáciles de manipular, que son el preámbulo del primer juego de construcción.
- Los animales con balancín.
- Las muñecas blandas.

De un modo general, el niño prefiere los **objetos de la vida cotidiana** a sus juguetes manufacturados. A usted le corresponde encontrar en casa, en la cocina o el taller, algo que le pueda confiar sin temor ni para él ni para la cosa en sí.

Por otra parte, el niño de esta edad es un amante del orden: le encanta «ayudar a recoger». Repara enseguida en todo lo que está fuera de su sitio y no descansa hasta que vuelve a ponerlo.

Le gustan los hábitos y la repetición: si tuviera siempre el mismo menú, el mismo horario, el mismo trayecto, el mismo cuento o la misma canción, se acomodaría magníficamente.

LA PRIMERA MUÑECA

Con los balbuceos del lenguaje, se inician los juegos de «**simulación**». Niños y niñas por igual intentan imitar a sus padres. Lorenzo, de dieciséis meses, da de comer a su oso. Amelia, de la misma edad, se cuenta historias a sí misma (historias que son incomprensibles para cualquier otra persona) desplazando personajes.

Esta etapa es capital para el pequeño. Imitar a su papá o su mamá es, de alguna manera, ponerse en el lugar de otro. Pero es también **manifestar sus propias ideas y construir la confianza en sí mismo**.

Ha llegado la hora de regalar al niño la primera muñeca, aquella que ha de permitirle entrar en el juego de las «suplantaciones»; aquella a la que quiere, regaña, viste y alimenta; aquella a quien le hace de padre o de madre, pero que es también su propio reflejo; aquella, sobre todo, que enseña a crecer.

En efecto, es en esta muñeca donde el niño reproducirá lo que viva y lo que descubra. Al acariciarla, reñirla o darle de comer, proyectará una imagen del ego. La muñeca le hace revivir sus emociones, sus alegrías y sus penas.

Rorro, pepona de trapo, muñequitas sexuadas... ¿Cómo escoger con tino la primera muñeca de nuestro hijo? A esta edad, prima una regla: cuanto más simple es el juguete mejor permite desarrollar la imaginación.

Eludamos pues la muñeca que canta, llora y dice «Buenos días, mamá». Una buena muñeca tampoco tiene por qué andar, beber ni hacer pis. Las de esa clase suelen ser frágiles y poco manejables para un pequeño.

Podría afirmarse, invirtiendo los términos, que cuantas más cosas «haga» la muñeca de su propia cosecha menos libertad tendrá el niño para hacérselas hacer. Una muñeca que dice «mamá» puede convertirse en la hija de su dueña, pero no en su reflejo personal ni en la madre de otra muñeca.

Ninguna niña se identificará con un muñeco que tenga los atributos del sexo masculino, ni a la inversa. Además, un «bebé multifuncional» suele ser voluminoso y pesado (hay que dejar sitio para las pilas y el mecanismo), de tal suerte que la criatura no podrá sostenerlo ni arrullarlo.

► Escoja un modelo que **no sea demasiado grande** y que quepa en los brazos del niño (como usted, adulto, le abarca a él).

Un cuerpo flexible, de tela, será más fácil de vestir y más mullido para dormirse encima. Pero también es una buena elección una muñeca que pueda llevarse a la bañera.

Muchos niños prefieren las muñecas que tienen largas cabelleras. Pero lo esencial es que estén dotadas de una **mirada afable**. Y si encuentra alguna que se acerque al tipo físico de su hijo (color de piel, de ojos o de cabello), todavía mejor.

Lo que importa es que el muñeco suscite un intercambio afectivo con el niño, quien pronto le animará como si fuese un ser viviente y recreará así un mundo a la medida de su imaginación.

Además, podemos dar la muñeca a nuestro hijo dentro de una camita o un capazo de su tamaño: a los niños les gusta acostar a su «mascota» por las noches en el momento de meterse ellos mismos en la cama. ¿Dispone de unos cuantos retales? Fabríquele unos vestidos anchos, cerrados con goma elástica o con tiras adherentes de «velcro». Son más fáciles de poner y quitar que los que venden en los comercios. ¡Y mucho más baratos!

¿MUÑECAS PARA EL VARONCITO?

En su fuero interno, muchos padres no creen «normal» que un hijo varón reclame tener su muñeca. ¿No puede significar que el niño está desarrollando tendencias femeninas?

La cuestión es mucho más sencilla. Quizá ha visto jugar a una niña y su aparente felicidad le ha inspirado ganas de hacer lo mismo. Quizá tiene un hermano o una hermana menor y pretende imitar a su mamá cuando lo cuida. O quizá, por el contrario, es hijo único y busca una base (la muñeca) sobre la que inventarse un compañero de juegos.

Una cierta dedicación a los hijos pequeños es justamente lo que se espera hoy en día de los padres «modernos». ¡Y hasta la fecha ninguno de ellos ha perdido su virilidad!

De todo lo expuesto se deriva no solamente que se puede **acceder con toda tranquilidad a la petición del niño**, sino que, en contrapartida, prohibirle los mal llamados «juegos de niñas» sería incluso perjudicial. Tal vez le meteríamos en la cabeza la idea de que su esencia masculina no es algo evidente, intrínseco, y que cabe cuestionarla según las actividades que ejerza. **No creemos un problema** allí donde no existe más que un deseo totalmente legítimo.

LA LIMPIEZA: SU IMPORTANCIA Y SIGNIFICACIÓN

LA CONTINENCIA

Es increíble ver hasta qué extremo los padres se preocupan y se complican la vida por algo que, en definitiva, no es sino una evolución natural de la madurez de su hijo.

Lo único que depende de un aprendizaje es la «técnica» de la limpieza (dónde desalojar, cuándo y cómo) inherente a nuestra civilización. Pero la continencia en sí, que cabe definir como **el control y el dominio de las funciones excretoras**, es espontánea.

Todos los mamíferos son continentes. En los países o las culturas donde los padres no se ocupan de la enseñanza de la limpieza como hacemos nosotros, los niños, a los dos o tres años, también aprenden a aliviarse debidamente sin mayores problemas, mediante la evolución del cuerpo y la imitación.

Cualquier niño pequeño, salvo que tenga algún trastorno físico (muy inusitado) o en particular psicológico, se vuelve limpio **entre los dieciocho meses y los tres años**, aunque no le hayan eseñado. La educación permite ganar unos meses. El resto es una cuestión de crecimiento y de satisfacción: lo único que han de hacer los padres es explicar de manera inteligible lo que esperan de su hijo.

Desgraciadamente, aunque la situación haya avanzado mucho en los últimos veinte años, todavía no está clara en las mentes de todos los adultos.

¿POR QUÉ APRESURARSE?

En mi opinión, un niño, antes de los dieciocho meses, es demasiado pequeño para que se le exija continencia. He insertado este capítulo aquí voluntariamente con la intención de disuadir a los padres que querrían iniciar ya el aprendizaje.

¿Por qué tenemos tanta prisa? Las braguitas pañal, aunque su precio es algo elevado, ofrecen un alto grado de comodidad, tanto a los padres como al niño, con respecto a aquellos antiguos pañales que había que lavar cada día. Las condiciones de higiene en nuestros países son buenas... quizá hasta tal punto que no soportamos ya los olores ni los efluvios corporales. Y los padres se sienten asimismo acuciados porque, en una sociedad competitiva como la nuestra, hay que ser el mejor, el más rápido.

Salir pronto para llegar ¿adónde? Un niño que está retenido en el orinal es un niño que no emplea su tiempo en encaramarse, saltar, experimentar, dibujar y desarrollar su inteligencia. ¡Hay tantas cosas interesantes que hacer con él antes que encarrilar sus deposiciones! Que nadie se inquiete: la edad de la limpieza no tiene estrictamente nada que ver con ningún otro factor del desarrollo.

Convendría igualmente analizar la palabra «limpieza», que en la lengua coloquial se suele utilizar como sinónimo de «continencia». ¿Significa eso que antes el niño era «sucio»? Si juega con la tierra de una maceta o del jardín, le decimos: «*No la toques, es una porquería, es caca*». ¿Es ésta una buena manera de expresarse frente a un niño a quien después le pediremos que nos ofrezca sus excrementos como un regalo?

Insisto mucho en el aspecto natural de las cosas para que los adultos comprendan que una intervención demasiado radical podría ser dañina. A una edad determinada por nosotros, exigimos al pequeño que defeque en un orinal y a una hora preestablecida. No se trata ya de satisfacer una necesidad fisiológica, sino de responder a una demanda de los mayores, lo cual es muy diferente y de graves consecuencias en su relación con su propio cuerpo. No podemos volver limpio a un niño sin su consentimiento, y si nos obstinamos estaremos abocados a interminables conflictos.

Es éste un paso adicional que debemos dar para respetarle auténticamente en su desarrollo. Como veremos, lo que puede parecernos un verdadero adiestramiento no está exento de secuelas sobre la personalidad de la criatura. **Respetar a un niño** es dejarle tiempo para que manifieste su capacidad de ser limpio (pañal seco, habilidad de contenerse, predisposición a aliviarse en el orinal), pero **también es aceptar que tenga su ritmo particular**, aunque sea distinto al desarrollo del hijo de la vecina.

LA MADUREZ NECESARIA

Por supuesto, se puede dar una apariencia de limpieza con un niño muy pequeño: evacua en su orinal en el momento en que lo ponemos. Pero se trata ya sea de una coincidencia (hemos observado cuándo sobrevenía la necesidad), ya de un reflejo condicionado, y nunca de aprendizaje. La higiene no se enseña como se amaestra a un animal. Es preciso:

- Que el niño esté **en edad de comprender** lo que se espera de él.

- Que se le pida **un esfuerzo que tenga la aptitud de realizar** sin demasiadas dificultades.

Ser limpio, es decir, aguantar hasta encontrarse en el lugar adecuado, es una etapa del desarrollo que no se puede forzar, porque requiere un **grado de madurez suficiente** en los tres ámbitos que aquí se exponen.

Primero, madurez **neuromuscular**: los músculos de los esfínteres tienen que haberse fortalecido y estar bajo control, y el sistema nervioso haberse desarrollado y coordinado suficientemente.

Después madurez **intelectual**: es la condición indispensable para que el niño comprenda las expectativas de los padres y que su nivel de lenguaje le permita «pedirlo» cuando se presenta la necesidad.

En tercer lugar, madurez **afectiva**: el niño debería haber salido de la fase de máxima oposición, sentirse en un buen equilibrio y tener ganas de complacer a quienes quiere.

LA MOTIVACIÓN

¿Qué decidirá al niño a hacer el esfuerzo final de desechar los pañales para defecar donde se lo indican?

- Tiene deseos de crecer, así que le tentará actuar como los mayores. Es un argumento de mucho peso, y la observación de los adultos suele ayudar decisivamente.

- Le apetece estar limpio porque, como no tardará en experimentar, es más cómodo hacer cabriolas con braguitas o slip que con los pañales.

- En tercer lugar, necesita el cariño y la admiración de sus padres. Mamá se pone tan contenta cuando le sirve sus excrementos en el orinalito azul, que habría que ser muy díscolo o muy insensible para negárselo.

Un niño que se desarrolla con normalidad reconoce prontamente estos estímulos, por poco que se haya sabido esperar a que estuviera preparado. Entonces la limpieza se asimila en sólo unos días.

LOS RIESGOS

Obligar a un niño a scr limpio cuando no está a punto entraña riesgos importantes para su porvenir. Se ha ejercido una violencia sobre su cuerpo, y dejará huella.

En algunos, la consecuencia será únicamente un estreñimiento contumaz. En otros se producirá una inhibición de la habilidad manual, corporal y más tarde verbal. El carácter del pequeño puede volverse perennemente testarudo, colérico, rebelde. Por último, muchos niños que han sido habituados precozmente a la continencia por una eseñanza estricta sufren una «enuresis secundaria» (volver a hacerse pipí en la cama tras haber aprendido a ir limpios) muy ardua de superar.

Ningún padre quiere eso para su hijo. Así pues, relajémonos y veamos la limpieza como un don natural, que llegará a su tiempo, sin darle más vueltas.

NIÑOS Y ANIMALES

El mito de la complicidad entre los niños y las bestias se remonta, al parecer, a épocas remotas de la antigüedad. Véase si no la historia de Rómulo y Remo... Actualmente, en nuestras sociedades técnicas y urbanas, ese mito impregna más que nunca la vida infantil.

Lo reencontramos muy pronto, en los **peluches** que se regala a los bebés: osos, conejos, gatos, perros, pero también burros, jirafas, pollitos o hipopótamos.

También está presente en las **historietas** de las revistas o los libros de cuentos: desde el simpático Snoopy hasta los Trotamúsicos, unos sugerentes personajes proponen a los niños proyectarse en el reino animal y compartir su vida y sus emociones. Algunos de ellos aparecen vestidos y todos hablan, pero eso no perturba en absoluto al pequeño lector.

En el estadio siguiente toman el relevo películas, **dibujos animados** y series. La popularidad de las cintas de Walt Disney, el gato Isidoro, Lassie o el Corcel Negro, o también obras como Tintín y Milú o *El pequeño príncipe*, dan cumplido testimonio.

En la fase de las **películas auténticas,** los animales pasan a ocupar su lugar real, y lo que se celebra es la complicidad entre el niño y la bestia. El animal es el consuelo, el amigo, el salvador, el confidente.

Todo lo dicho pone de manifiesto en qué medida los niños se sienten espontáneamente próximos a los animales, aunque tengan una presencia más bien escasa en su entorno. ¿Significa eso que hay que adoptar uno? Si le gustan, si su vivienda y su distribución del tiempo se lo permiten, si está dispuesto a comprometerse a años vista, ¿por qué no? Para su hijo será una inmensa fuente de felicidad, de descubrimientos y de experiencias.

▶ ¿Qué animal escoger? El periquito enjaulado, la tortuga o los peces de colores, aunque atraigan vistosamente la atención de los críos, permiten pocos intercambios y entendimiento recíproco.

De hecho, lo que quieren los niños pequeños es **acariciar al animal** (de ahí el éxito de los peluches) y poder restregarse contra él. Por lo tanto, el contacto tiene que ser al mismo tiempo viable y suave.

Les gusta también tener un **compañero de juegos** que no se haga el remolón y cuyo tamaño sea compatible con el suyo (tanto el pony como la rata blanca parecen inapropiados a esta edad). Ha de ser un amigo libre de movimientos y no encerrado en una jaula.

¿Qué nos queda finalmente? **Un perro, o bien un gato**. El gato habrá de ser dócil y afectuoso, el perro de talla mediana, sociable y no demasiado joven. Como norma los gatos son menos sumisos y pacientes, pero también se reducirán las ocasiones conflictivas (los felinos saben preservar su tranquilidad).

Con un gato en casa, se deben cuidar muy bien las condiciones de higiene (cepillarle el pelaje, cambiar regularmente el lecho, etc.).

El perro estará más disponible, pero el primer contacto podría ser delicado. Es conveniente dejar que el animal se aproxime al niño, que lo olisquee e incluso le lama. Cuando lo haya admitido como amigo, nunca sentirá celos de él y los dos serán «uña y carne».

▶ Cuidado: a la edad de un año, a menudo se tienen arranques bruscos y descontrolados. Debe estar absolutamente **seguro** de su animal de compañía, saber que no le hará ningún daño a su hijo. Y aun así, no es aconsejable dejarles juntos en una habitación sin vigilancia: nunca se sabe lo que puede ocurrir.

Ya desde el comienzo, también habrá que **enseñar al niño a respetar al animal**, sus derechos y sus necesidades. Ni siquiera a una edad tan temprana se debe consentir que torture a la pobre bestia. Cada vez que sea testigo de una escena o tan sólo de una amenaza, es imprescindible que detenga su mano y la dirija firme y gentilmente del golpe a la caricia.

Enséñele a **captar las señales de alerta**, por ejemplo cuando el perro gruñe o el gato extiende abruptamente la pata con las garras fuera. No se va a buscar a un animal que se ha refugiado en otra estancia para tener paz, como tampoco se le puede molestar mientras come. Una vez asentadas estas someras reglas, las relaciones entre el niño y su fiel compañero serán un motivo de alegría y de expansión afectiva.

L A FALTA DE APETITO

En el trimestre siguiente ahondaremos en el problema, evocado tan frecuentemente por los padres, del niño que «*no come nada*». Pero ya desde ahora es importante aclarar ciertos puntos sobre el apetito del pequeño que, si se conocieran mejor, evitarían muchos dramas a las horas de las comidas.

Que un niño tenga menos hambre por culpa de una enfermedad es algo que cualquier madre comprende y acepta de buen grado... a condición de que no dure demasiado tiempo. Pero que esté inapetente y goce de una perfecta salud ya es inadmisible, e inquieta mucho más a la «madre nodriza». Sin embargo, todo va de maravilla para el niño, que reacciona sencillamente como cualquiera de constitución normal, y cuya curva de crecimiento no marca ninguna anomalía. Hasta ahora no hay más problema que un apetito variable, como lo son todos los apetitos. Pero en cuanto los padres se empeñan en no admitirlo y empiezan a angustiarse, surgen los verdaderos problemas.

Por todas estas razones, hay que decir claramente que:

■ **A partir de un año de edad, el apetito del niño disminuye** a la par que sus necesidades. Este mecanismo es fisiológicamente normal.

Por otra parte, el pequeño tiene preferencias y repugnancias alimenticias más concretas y está en mejor situación de manifestarlas. Aunque no por «concretos» sus ascos son menos cambiantes, y el plato que hizo sus delicias la semana pasada puede ser rechazado hoy sin un pestañeo.

■ **El apetito puede variar de una comida a otra**, o de la noche a la mañana, y todo ello sin motivo aparente. Por consiguiente, es absurdo inquietarse: el niño recuperará sus carencias en la toma siguiente. Más vale respetar sus fluctuaciones y dejarle comer en función de su hambre. Sólo él conoce sus necesidades y sus deseos.

■ Las **fantasías** mismas de su apetito pueden moverle a querer empezar por el postre y terminar con las zanahorias ralladas. ¿Qué hacer entonces? Si el adulto no monta un escándalo, todo volverá rápidamente a su orden habitual.

■ A una edad tan corta, los padres deberían **descartar los proyectos de menús ideales**, repartidos en cuatro comidas equilibradas desde el punto de vista dietético. Si todo va bien, ya llegará su hora.

El niño no abriga la menor intención de contabilizar las proteínas, las vitaminas y las sales minerales, ni tampoco el tiempo que pasa su madre guisando su hígado de buey con crema de apio. Le gustan unos platos, unos sabores, y si de él dependiera comería lo mismo todos los días.

Cuando lo que ingiere en veinticuatro horas basta, en cantidad y en calidad (el pediatra nos informará al respecto), para que se mantenga sano y siga un buen crecimiento, es mejor dejar a un lado los menús elaborados y nuestra ansiedad.

Si le gustan las sardinas en aceite con pan tostado y untado de mantequilla corriente, no merece la pena luchar para hacerle tragar su ración de merluza rehogada en mantequilla a las finas hierbas. Y si sólo come bien cuando picotea los platos del menú familiar, habrá que suprimir su cocina exclusiva de bebé.

■ Su hijo atraviesa una etapa de **rebeldía y afirmación del ego**: sería muy sorprendente que las comidas escapasen a la norma. Algunos rechazos alimenticios de esta edad, en principio semejantes a la inapetencia, están motivados por un deseo de subrayar su oposición. En ese capítulo, como el niño comprende enseguida, siempre sale ganando. Ahora podrá desquitarse por todas las prohibiciones y deberes que le imponen en otros campos.

La única réplica es no entrar en su juego. «*¿No quieres comer? No tiene importancia, así esta noche cenarás mejor.*» Y se le quita el plato. ¿Que es difícil? Sí, naturalmente, porque nada dista tanto de ese impulso maternal profundo e instintivo que nos recuerda que alimentar a los hijos es nuestra misión primera y básica, la que mejor traduce en obras el amor y la dedicación que ofrecemos a quienes amamos.

SABER DECIR QUE NO

¿POR QUÉ?

Decir que no, o sea, poder hacer acopio de firmeza frente a los hijos, no es una manera de aplastar su personalidad ni de crear niños infelices.

El término «disciplina» procede de «discípulo». Lejos del autoritarismo ciego, se trata de **enseñar al niño a dominarse y a ejercer un control sobre su propia vida**. Nunca podrá practicar plenamente su libertad a menos que sea responsable de sí mismo, y eso es lo que se aprende con la disciplina. Vivimos en una sociedad de derecho donde el «todo, enseguida, o si no grito» no tiene ningún valor.

Contrariamente a las apariencias, el niño de esta edad no quiere ser quien decide: en el fondo se sabe incapaz. Sólo desea poder oponerse y tener algo que decir cuando otros decidan por él.

Lo repito una vez más: para construirse, para forjarse una personalidad, el niño necesita protestar. ¿Contra qué elevaría esas protestas si no hubiera reglas que infringir? No se puede estar en desacuerdo con la «nada», porque entonces ¿cómo llegaría algún día a ser él mismo?

Todo chiquillo se siente disminuido frente a un mundo enorme del que ignora **las instrucciones**. Que le dejen averiguarlo solo es para él una fuente de angustia. Sabe que sus padres son «mayores»: en tal caso, ¿por qué le abandonan a sus decisiones en lugar de indicarle lo que tiene que hacer? El pequeño, perdido, lleva su provocación cada vez más lejos con la esperanza de que algún día se dignen detenerle.

Por estos motivos, la determinación de los padres y un sistema coherente de exigencias de comportamiento alivian profundamente al niño y le ayudan a fraguarse un carácter fuerte. Los padres son tiernos, atentos, pero no permiten que su hijo sobrepase los límites definidos.

El niño no se anula: se siente respaldado, reconfortado, seguro. Porque «si papá y mamá tienen más fuerza que yo, es que también son más fuertes que el mundo y podrán protegerme. Saben a ciencia cierta dónde van: lo mejor será seguirles. Vamos a explorar el universo, que hay resguardo».

A la inversa, el niño cuyos padres tienen problemas para imponerse y hacerle obedecer tiende a ser ansioso. Si los *noes* a los que se opone terminan siempre por ceder, más tarde le costará mucho afrontar los requisitos escolares o de cualquier otro orden; descubrirá desde el dolor y los conflictos que la vida se burla de sus deseos.

¿CÓMO?

De igual modo que un «no» pronunciado firmemente inspira seguridad, un exceso de negativas inhibe al niño o le vuelve agresivo. No es nada recomendable decir que no a todo y exigir al pequeño una obediencia incondicional e inmediata. Para su óptima aceptación, los *noes* deben ser poco numerosos y bien escogidos.

Un buen «no» es un «no» racional, coherente, respetuoso y adaptado a la edad del niño. Además, debe serle **explicado**. ¿Cómo se orientaría si no? Tanto adopta la forma de una prohibición tajante como de una exigencia, o bien de un *«basta ya por ahora»* que pone fin eficazmente a una situación que ha durado demasiado. Y es que el «no» también es paciente y comprensivo...

Sé que todo esto parece muy complicado. Nada de eso; nuestros hijos no esperan de nosotros que seamos los padres perfectos. Pero creo importante exponer cuál es el punto de vista del niño, a una edad en la que no puede expresarlo él mismo. Debe comprenderse que, a menudo, sus **necesidades íntimas** están en contradicción con lo que manifiestan sus deseos del momento.

El pequeño dice: «*Quiero el coche.*» Sin embargo, quedará satisfecho si le respondemos: «*Te comprendo, es fantástico. ¿No te recuerda al deportivo azul que tiene la capota desmontable? Veo que te ha gustado de verdad. ¿Podrías esperar hasta tu cumpleaños?*» Su petición ha sido comprendida y reconocida como válida, y le hemos demostrado que le queremos interesándonos por él. No aspira, en el fondo, a nada más.

Muchos padres estarán totalmente de acuerdo conmigo sobre el papel, pero... Para este «pero» hay cuatro razones esenciales.

■ Los niños tienen un **encanto irresistible** que nos desarma. ¿Cómo enfadarse con ellos? ¿Cómo convertirse en el malvado que les hará llorar?

■ **Los padres soportaron en su infancia** un sistema de educación demasiado autoritario. Prefieren pecar de un exceso de laxismo que hacer sufrir a sus hijos lo que a ellos les ha dejado cicatrices duraderas.

■ A los padres les **falta tiempo** para dar explicaciones o para implantar unos principios sólidos. ¿Quién sabe si los que se aplican en la guardería serán los mismos? Las pocas horas que pasan en familia no van a desperdiciarse en alardes de autoridad y disputas, sino en procurar que todo el mundo esté contento.

■ ¿Cómo conservar la calma después de una jornada de trabajo y dos horas de transporte, cuando nos sentimos

agotados y tensos antes incluso de haber visto a nuestro hijo? Soñamos con una velada tranquila, entrañable, y él nos recibe escupiendo la sopa, llorando por naderías y poniéndonos los nervios de punta.

► Estas trampas contra las resoluciones correctas no son las únicas que los padres, ni aun los mejor intencionados, pueden encontrarse. No es ninguna debacle si al fin quedan convencidos, y acaban transmitiéndolo, de que un «no» bien dicho y bien aceptado **abre la puerta a muchos *síes*** tan alentadores como gratificantes.

EL JUEGO DE LAS SIMULACIONES

Durante el primer año de vida, los objetos parecen estar sometidos al uso que se hace de ellos. Después, cuando desaparecen de la vista, dejan de existir.

De un modo progresivo, se obra una transformación en el cerebro del niño: por una parte **el objeto está dotado de una existencia propia** (desde ese instante ya se puede jugar al escondite), y por otra es susceptible de convertirse en lo que él decida. Así es como una cacerola será sucesivamente tambor, sombrero y recipiente. Ha nacido **el juego simbólico**.

A partir de ese día, el niño se erige en rey ya que, gracias a su imaginación, puede «simular» a su entero albedrío. De un palo hace un fusil, de una caja de cartón una cabaña. Es una pérdida de tiempo ofrecerle ciertos juguetes sofisticados, de uso único y definido: preferirá aquel otro, más sencillo, con el que puede inventar hasta el infinito.

Saber simular es asimismo el umbral de todos los **comportamientos de imitación**: el pequeño finge dar de comer a su peluche, reñir a la muñeca, conducir su camión o hablar con un compañero invisible.

Este hecho sorprende algunas veces a los padres, quienes temen que su hijo no sepa deslindar lo imaginario de lo real. Sin embargo, jugar a las simulaciones supone un progreso muy significativo para el niño, por tres razones fundamentales.

■ En lugar de dejarse limitar por la función primordial de los objetos, es capaz de atribuirles otra. Toma distancias frente a lo concreto y accede, gracias al juego, al orden simbólico. Desde ahora podrá dar rienda suelta a su **imaginación**.

■ Sabe que los objetos, y paralelamente los seres humanos, tienen su propia razón de ser. No son una extensión de sí mismo y continúan existiendo al margen de él. Este descubrimiento abre paso a la comprensión del mundo, pues le hace perder poco a poco la postura narcisista que le caracterizaba. Pero también se siente mucho **más pequeño** ante su entorno.

■ De ahora en adelante la imitación desempeñará un papel clave en la psique del niño. Podrá **reproducir**, con sus muñecas y peluches o de una forma totalmente imaginaria, **las experiencias pasadas**.

Las situaciones agradables, pero más aún las ingratas, que el pequeño ha vivido pero no ha asimilado del todo volverán a interpretarse, tantas veces como sea preciso, hasta que se reconcilie verdaderamente con ellas. De ahí que le oigamos abroncar al osito porque no come o urgirle a vestirse bajo pena de una azotaina.

El hijo ocupa el lugar del padre, lo cual es una forma de retomar al mismo tiempo las posiciones y el mando de la situación. Luego reconstruye el acontecimiento, modificándolo a voluntad, hasta haber completado su examen.

Esta manera de aprehender la realidad es muy útil para el niño. Le ayuda a ponerse en el sitio de otro, a la vez que atenúa la culpabilidad y elimina las impresiones desagradables.

EL SUEÑO DEL NIÑO

LA SIESTA

A esta edad, la mayoría de los niños ya no hacen siesta por la mañana, lo cual es una lástima para aquellos a quienes obligamos a madrugar porque debemos dejarles muy temprano en la guardería o en casa de la persona que los va a cuidar.

Pero queda la siesta de la **tarde**, que probablemente seguirá siendo imprescindible durante un tiempo considerable: algunos la abandonan a los dos años, otros a los cinco. Los niños (como los adultos) sienten después de comer un descenso en el ritmo de su actividad y una necesidad fisiológica de descanso.

La duración de esta siesta **se prolongará** en los meses futuros, aunque es imposible establecer un «promedio de tiempo». Dependerá de la naturaleza de cada niño, o también de lo que haya dormido por la noche. Lo esencial es no despertarle nunca; él mismo se despabilará cuando haya descansado lo suficiente.

EL SUEÑO NOCTURNO

También en este apartado es difícil decir cuántas horas «debe» dormir un niño. Sólo cabe dar unas indicaciones a título orientativo. En el curso de su segundo año, los niños suelen dormir **entre doce y dieciséis horas diarias** (con una media de catorce), **incluido el período de la siesta.**

No obstante, las excepciones abundan. Hay niños poco dormilones que se conforman con noches de diez horas, y resurgen a las seis de la mañana llenos de energía. Otros se ponen infernales si no han tenido sus trece horas de sueño nocturno. Algunos, un tanto noctámbulos, no quieren irse a la cama antes de las diez, mientras que los amantes del día exigen su biberón al despuntar el alba.

Los padres nada podrán contra esas tendencias, ya que es completamente imposible obligar a un niño a dormir un plazo preconcebido. Como máximo lograrán rodearle de una atmósfera de sosiego que propicie la llegada del sueño. En efecto, ciertos niños se ponen nerviosos cuando están fatigados, y en esos momentos se vuelven más activos que nunca.

▶ Pero entonces, ¿cómo sabremos si nuestro hijo duerme bastante? Muy fácil: observándole a lo largo del día. La duración de sueño que le conviene es la que le permite **no estar cansado** y mantener un buen nivel de actividad durante la jornada.

Un niño que **se despierta espontáneamente** es un niño que ha reposado bien. Si tiene que llamarle cada mañana, aproveche las vacaciones para dejarle dormir a su aire y tanto como desee: así verá cuántas horas le son necesarias.

Tampoco hay ninguna regla que fije estrictamente la hora a la que debe acostarse cada niño. Sin duda influirá sobremanera el **estilo de vida** del resto de la familia. No es muy razonable meter a un hijo en la cama sin haberle dado tiempo de tener un contacto afectivo con sus padres.

Una cierta **regularidad** en la hora de ir a dormir da buenos resultados, siempre que la acompañe una **actitud elástica**. De todos modos, un niño necesita ver a sus padres por la noche, pero ellos también han de tener una parcela de intimidad solos, sin la presencia de sus hijos. Así pues, habrá que buscar un término medio que satisfaga los deseos de unos y de otros.

LAS COMIDAS: ALGUNAS NOVEDADES

La destreza del niño aumenta mucho en esta época. Al acercarse a los dieciocho meses, se desenvuelve mejor con la cuchara y es capaz de llevarse la comida a la boca prácticamente solo.

Lo más probable es que todavía haga esta operación envuelto en suciedad, y más de una vez se cansará y acabará pidiendo ayuda. No es cuestión, por supuesto, de negársela. Incluso podemos proponerle nuestra intervención para terminar antes el plato.

En contrapartida, sería una pena, a su edad, seguir sosteniéndole sistemáticamente la cuchara. Tiene la capacidad de ser autónomo: que se apañe, como mínimo, al principio de la comida, que es cuando aprieta el hambre. Continuar dándosela íntegramente equivaldría a alargar un hábito que más tarde nos costaría mucho corregir.

Su hijo es responsable de su propio cuerpo: de lo que entra y, en los meses siguientes, de lo que salga. Desde el día en que sea lo bastante mayor como para abordar estas tareas, evite hacerle de sustituto.

Es también por esta época cuando empezará a **sujetar solo su vaso irrompible**, y luego el normal, y aprenderá a beber sin derramar líquido.

EL NIÑO DE 18 A 20 MESES

¿QUIÉN ES EL NIÑO DE 18 A 20 MESES?

LA PERSONALIDAD

El temperamento del niño de un año y medio se caracteriza por dos puntos principales.

■ Por una parte, el **deseo de tocarlo todo**, lo que le convierte en un personaje que deja a su paso una estela de ruido y desorden. No escapa a su curiosidad un solo cajón, ni unos bajos de armario o de aparador, ni un bolso de mano, ni una cartera con documentos, ni tampoco una papelera o una cesta.

Aunque algunas veces no hay quien lo resista, es el mejor signo de un desarrollo sano y normal; en un niño de dieciocho meses, son el silencio y la formalidad lo que debería inquietar a los padres.

■ Por otra parte, las **numerosas frustraciones** consecutivas al hecho de que el niño quiere pero no puede, ansía valerse por sí mismo y se siente incapaz, mientras que, para colmo de males, tampoco sabe pedir con claridad lo que desea.

Es sobre todo la lucha por la autonomía lo que preside este período de la vida del niño. Aunque dure meses, o años, ahora alcanza uno de sus puntos culminantes.

Por un lado, no es aún lo bastante mayor ni competente para hacer lo que desea. Por otro, quiere ser independiente y se enfada si el adulto intenta ayudarle. De este dilema dimanan agudos conflictos interiores que muchos niños solamente pueden resolver a través de la cólera.

La violencia de sus rabietas suele confundir a los padres: el pequeño tira sus juguetes, brama, se debate, da puntapiés, y a veces se golpea la cabeza contra el suelo. Al fin se calma y olvida por qué ha caído en semejante estado. Todavía no sabe contener el furor de sus impulsos y de sus emociones. Todo retraso y toda negación le resultan intolerables, y entonces pega o muerde.

De un modo paulatino se irá desarrollando el autocontrol, que traerá consigo unas mayores manifestaciones de afecto.

► Hasta que llegue ese día, hay que tomarse sus males con paciencia. Frente a una agresión física del niño, lo mejor es **detener firme y serenamente sus ímpetus**, a la vez que se le explica en palabras sencillas que tal comportamiento es del todo inaceptable.

También se puede hacer **derivar su golpe en caricia**, o bien fingir que su ataque se ha tomado como un juego y ponerse a jugar *«a las peleas de mentirijillas»*, es decir, cuidando los ademanes para no lastimarle.

► Para los padres, es el momento (ahora o nunca) de buscar en su interior **tesoros de paciencia, de aplomo, de comprensión y de humor**. Esta fase va a revelarse a la vez físicamente agotadora y neurológicamente desquiciante.

Sin embargo, sólo si los adultos controlan su propio nerviosismo, su ira y su violencia, aprenderá el niño a moderar los suyos. **Intentemos ser un buen modelo**: él acabará por parecérsenos.

Esforcémonos también en ser tolerantes con sus progresos (o la ausencia aparente de estos últimos) y en impedir que se sienta fracasado esperando de él más de lo que puede dar. Frente a un ser humano que labra su carácter y su identidad, es importante que trabajemos para arraigar la confianza en sí mismo.

Regañarle sin tregua o juzgarle tratándole de malo, de sinvergüenza, no tendrá otro efecto que dañar gravemente la imagen que construye de su ego. Aunque aparentemente sea un demonio, su hijo no abriga mayor deseo que agradarle y ganarse su cariño.

▶ Por último, es tan desaconsejable como **inútil darle demasiadas opciones**, que si qué camisa prefiere, que si le apetece más el yogur o la compota, pues únicamente conseguiremos perturbarle: lo quiere todo a la vez, por descontado, y siempre encuentra frustrante tener que renunciar a algo. Así pues, durante un tiempo es más sensato decidir por él. Ya se le brindan mil oportunidades de expresar sus opiniones y sus repulsas.

¿Qué más se puede decir? Tenemos un niño cautivador, divertido, que es apasionante ver crecer... Pero que también está perplejo y asustado de su propia intrepidez.

Para adquirir seguridad, el pequeño instaura y se aferra insistentemente a una serie de **rituales** que armonizan su jornada. Tanto si afectan al proceso de las comidas como del baño o de ir a acostarse, estos rituales merecen la atención y el respeto de los padres.

Para empezar, **reconfortan** al niño; a pesar de todo lo que sucede a lo largo del día, su mundo privado sigue siendo el mismo, inmutable y fiel. Su agresividad no ha destruido nada, sus puntos de referencia continúan presentes.

Además, contribuyen a la buena formación de compromisos entre el pequeño y sus padres: el primero está activo, vigila la ejecución del rito y controla rigurosamente su desarrollo; los segundos, gracias a este medio, llevan a su hijo donde desean, ya sea la mesa, el baño o la cama.

El temperamento del niño de dieciocho meses es **muy desconcertante**. Puede agarrarse con obstinación a un capricho o una idea, dando la impresión de que nada ni nadie le hará cambiar. En otros momentos, se muestra inconstante, agitado, y no hay forma humana de que esté quieto. Corretea sin parar igual que un cachorrillo, como para descargar un superávit de energía. A veces parece muy seguro de sí mismo y reivindica su independencia, pero un rato después vienen los espantos: tiene miedo de la oscuridad, de los insectos, de caerse, y los padres se han de aplicar a fondo para tranquilizarle y hacer que renazca esa seguridad.

Lo dicho no significa que haya que proteger al niño de todas las experiencias un poco arriesgadas, ni mucho menos que incurramos en la sobreprotección. Pasar el día persiguiéndole y anunciándole, cual un mal augurio: «*Cuidado, que te vas a caer, que te harás daño, que te mancharás...*», no solamente no le ayuda a concebir un auténtico sentido del peligro, sino que fabrica en su mente la imagen de un mundo azaroso, donde nunca sabrá abrirse camino ni superar con éxito sus pruebas.

EL DESARROLLO FÍSICO

El niño continúa explorando y adiestrándose en todas las posibilidades que le ofrecen el equilibrio global de su cuerpo. **Camina marcha atrás, se sienta solo en una silla, se agacha** y vuelve a levantarse, **escala** con creciente agilidad.

Todo esto le incita a asumir riesgos y, alguna que otra vez, a sobrevalorar sus aptitudes. Como su coordinación motriz y su sentido del equilibrio todavía no son perfectos, sufre muchas caídas. De ahí la importancia de **tomar suficientes precauciones en el hábitat del niño** para no tener que temblar por él, ni frenar tampoco sus iniciativas.

Con sus manos, el pequeño ya sabe decir «adiós», «bravo», y construir una torre de tres cubos. Algunos niños empiezan a tener predilección por una mano, aunque la mayoría son aún ambidextros y utilizan indistintamente la derecha y la izquierda.

EL LENGUAJE

El lenguaje del niño de un año y medio se compone de una mezcla de actitudes, entonaciones, gestos y palabras únicas de significación múltiple. Lo usa sobre todo para comunicarse, pedir y rechazar. Al igual que en los meses anteriores, el término que pronuncia con más frecuencia es «no». Esta negación no siempre implica un rechazo real, sino que más bien hay que entenderlo como: «*Estoy de acuerdo contigo, pero a condición de que lo elija yo mismo.*» Decir «no» es antes que nada afirmar su existencia.

Las diferencias lingüísticas entre un niño y otro son notorias. Algunos apenas hablan, o bien tienen una docena de vocablos a su disposición, y los hay que ya construyen frases de dos palabras («*Papá va*», «*Quiero pastel*», «*Dormir no*»). Estas diferencias no son importantes de cara al porvenir.

Pero casi todos los pequeños **saben reconocer y puntear los dibujos** que les mencionan cuando hojean un libro de imágenes. Igualmente, a todos les gusta **repetir** hasta la saciedad lo que han oído, como si fueran el eco.

Estas repeticiones tienen para ellos el valor de ensayos de pronunciación. Y es que, aunque obviamente diste mucho de la perfección, pronunciar es lo que el niño hace mejor por ahora. Huelga pues corregirle; bastará con vocalizar la forma correcta en la respuesta, y él se irá impregnando de un modo gradual.

Por lo demás, si el pequeño utiliza términos infantiles en lugar de las palabras comúnmente aceptadas para designar los objetos y las acciones, es lo propio de su edad. Pero ya no lo es tanto que los adultos de su alrededor los repitan y los integren en su propio vocabulario. Un niño que oiga hablar así: *«El bebé se ha hecho pupa en el pompis»*, no aprendería nunca a cxpresarse como es debido.

▶ Hablar a los niños **con sencillez y naturalidad** es y será siempre lo mejor. Los padres que acompañan las sucesivas experiencias de su hijo introduciendo vocablos nuevos y apropiados ponen a su alcance un léxico rico que empezará a practicar al cabo de unos meses.

LA SOCIABILIDAD

Las relaciones de un niño con sus iguales no son coser y cantar. Sería bueno, en el caso de que aún no se haya hecho, incorporarle a un grupo de su misma edad, pero no hay que esperar que vuelque en ellos su atención y amistad. Por lo general, no jugará todavía con otros niños salvo si lo necesita, como por ejemplo en el columpio balancín.

Debido a su egoísmo nato, le gusta más recibir o quitar que dar. Encontrará muy normal acapararlo todo, y no tiene nunca en cuenta los deseos del prójimo. Tan pronto busca compañeros como les da un empujón, los desdeña o les agrede.

Un niño tan pequeño prefiere la presencia de los adultos, y disfruta sobremanera imitando sus comportamientos durante el juego. Pero es esencialmente el **padre** quien, en esta época, cobra un protagonismo cada vez mayor. El pequeño busca su compañía, y por las noches se niega a ir a dormir sin haberle visto aunque sea unos minutos. Tanto a los niños como a las niñas les encanta alborotar con su padre, y aprecian su fuerza y brusquedad.

En cambio, generalmente huyen si se les coge en brazos o se les besa contra su voluntad. ¡Los arrumacos duran poco a una edad tan activa!

JUEGOS Y JUGUETES

Los juguetes favoritos a esta edad son los rompecabezas muy grandes y fáciles, las perlas coloreadas de madera que el niño empieza a saber ensartar y los juegos de ajustar y encajar. Pero, durante varios meses, la palma se la llevará el **teléfono de plástico**, que o bien podrá arrastrar por el suelo o bien utilizará para ejercitarse en el lenguaje y la conversación.

Al niño de un año y medio le gusta manejar utensilios similares a los de los adultos y dedicarse a los **juegos de imitación**: clava, barre, y demás quehaceres domésticos. Empieza a ser capaz de soplar y aspirar, y se entrena ávidamente con una pajita, un globo o un silbato. Las torres que levanta son cada vez más altas, y goza tanto construyéndolas como derribando los bloques.

También encuentra un enorme placer en **garabatear** con los lápices y el «plastidecor». Ahora que ha comprendido el nexo entre la acción y el efecto, dibujaría por todas partes: en las paredes, encima de la mesa, etc.

Eso exige una cierta vigilancia, aunque también se le puede ceder al niño un lienzo de pared, por ejemplo en su habitación o en la cocina, que antes se habrá recubierto de una lámina grande (serviría un mantel de papel) reemplazable regularmente.

De un modo general, siempre es más fácil hacer respetar una prohibición cuando se ofrece una alternativa interesante.

L A LIMPIEZA: ¿HA LLEGADO EL MOMENTO?

¿Es éste el período idóneo para quitar los pañales a su hijo y pedirle, en sustitución, que haga sus necesidades en el orinal cuando note que tiene ganas? Lo dejo a su criterio.

El buen momento es aquel en que el niño ha alcanzado un grado suficiente de madurez neuromuscular, intelectual y afectiva. Para saber si es el caso de su hijo, cito algunos elementos que pueden serle de ayuda. El pequeño estará preparado si:

- Es consciente de lo que pasa dentro de su cuerpo, **en el instante mismo** y no sólo *a posteriori.*

- Manifiesta el **deseo de prescindir de los pañales** y evacuar en el orinal (o en el váter).

- **Corre con soltura**, trepa por una escala fija, sube las escaleras de pie.

- Se entretiene frecuentemente con los **juegos de imitación** y ansía hacerlo todo «como los mayores».

- Capta lo que se le pide y accede voluntariamente (es decir, **ha salido de la fase de oposición** sistemática).

- Ha interiorizado las nociones de **orden** y desorden, le gusta hacer pequeños **regalos** y está en un período afectivo **estable**.

- Va ya para **dos años** (o su conducta es de niño más mayor).

■ Conoce las **palabras clave**, como «**pis**» u «**orinal**», y sabe bien para qué se usa este último. Los adultos le han adelantado la lección hablándole y explicándole lo que pronto se esperaría de él.

Estos indicios son otras tantas señales que permiten vaticinar que la técnica de la limpieza se adquirirá bien y deprisa. Pero la época adecuada es también:

■ Cuando **el aprendizaje dura el menor tiempo posible**. El niño tiene un sinfín de cosas que asimilar en este trimestre, igual de importantes, si no más, que la limpieza. Los problemas de «pipí-caca» no deben robarle ni mucho tiempo ni a muy largo plazo.

A título de ejemplo, una «sesión de orinal» nunca se ha de prolongar más de cinco minutos, y el niño será libre de levantarse siempre que le plazca. Recuerde que él es el único dueño de su cuerpo y de sus instintos.

■ Cuando **el niño puede responder fácilmente a las expectativas** del adulto. Si se producen muchos «accidentes» o se alargan demasiados días, el pequeño quedará en situación de fracaso. Estos fracasos repetitivos, su incapacidad de satisfacer nuestros requerimientos, son desesperantes y nefastos en el plano psicológico.

Por norma general, para integrar a un niño en el ciclo del éxito e infundirle confianza no se le puede exigir más de lo que está en condiciones de ofrecer. Sobre todo, si ha intentado que su hijo vaya limpio y no ha funcionado, vuelva a ponerle los pañales sin hacerle una escena y pruebe suerte de nuevo dentro de dos o tres meses.

CÓMO INCULCAR LA LIMPIEZA

LA TÉCNICA

Ya hemos preparado al niño: conoce las palabras a las que pensamos recurrir, es consciente de las sensaciones de su propio cuerpo, ha jugado con el orinal y sabe para qué sirve, ha observado cómo lo hacen «los mayores» que no llevan pañales. Por diversos indicios, hemos comprobado que está a punto. El resto es pan comido.

► Debe **explicar** pausadamente a su hijo que ahora ya tiene edad de hacer sus cosas no en los pañales, sino en el orinal. A usted le resultaría muy práctico y se sentiría orgulloso de él. Cuando cumpla su objetivo, no le escatime parabienes. Pase por alto los fracasos del pequeño.

El control del recto es el más fácil de adquirir. Las ganas de evacuar son un mecanismo simple: las provoca la presión del contenido del colon. El niño enseguida toma conciencia de este deseo.

Sería pues ilógico imponerle nuestro horario: el momento de la defecación es el de su reloj interno y no el que conviene a los padres. Pronto aprenderá a pedirlo. Si al principio se le escapa, dígale simplemente: «*No te apures, no te has dado cuenta a tiempo de que tenías ganas. La próxima vez harás caca en el orinal.*»

El control de la vejiga requiere que se exhorte al niño a usar el orinal con bastante asiduidad, particularmente en los primeros tiempos. **Preguntarle si tiene ganas** debería bastar la mayor parte de las veces. Tan sólo antes de acostarse puede ensayarse una sentada metódica.

Se suprimen los pañales, se compran unas lindas braguitas de flores o slips para el varón, y **se viste al niño de manera que pueda desnudarse con rapidez** y comodidad. Eso es todo.

Acto seguido, déjele un poco de tiempo para que se afiance el aprendizaje, intentando no angustiarse mucho por la moqueta. Cuando haya un pipí en el suelo, lleve al niño sin tardanza hasta el orinal y explíquele que esas cosas suceden, que no importa, que la próxima vez lo hará donde debe.

El nuevo hábito tendría que haberse perfeccionado **en unos días**. Si los «olvidos» siguen siendo frecuentes pasado este tiempo (varias veces diarias), habrá que preguntarse si el niño está realmente maduro y si no sería más prudente proponerle que vuelva a usar los pañales una temporada. En ese caso, dígale que no se trata de un fracaso de él, sino de un error por su parte.

COMPORTAMIENTOS QUE HAY QUE EVITAR

■ El aprendizaje de la limpieza y de sus accidentes **no debe dar lugar ni a gritos ni a golpes**. Si tiene la sensación de que su hijo evacúa «expresamente» en el suelo tan pronto se levanta del orinal, rehúse entrar en esa clase de conflictos.

Si el niño nota que se impacienta y que la limpieza es para usted una etapa crucial, quizá le niegue ese gusto y la retrase. Suspenda la campaña, póngale de nuevo los pañales y finja indiferencia: todo volverá a sus cauces. Dígase a sí mismo que en este asunto es él quien tiene la última palabra.

■ Es absurdo, inversamente, sobrevalorar su buena evacuación como si le estuviera ofreciendo el Santo Grial, o proponerle recompensas. Demostrarle su agrado me parece suficiente. No haga **ni promesas ni amenazas**: estas funciones son naturales, y así es como deben tratarse.

Tampoco pregone su disgusto a los cuatro vientos: si es eso lo que siente, procure no dejarlo traslucir demasiado. No usar pañales es meramente un sinónimo de crecer, ni más ni menos.

■ Eluda las **sesiones de orinal interminables y a horas fijas**. Ya lo he dicho, pero debo insistir: ser limpio es vaciarse cuando se tiene una necesidad, no cuando quiere el adulto. Se hace en el «lugar previsto» porque es más agradable y porque así es como actúan los humanos en nuestra sociedad.

Proceder de otro modo equivaldría a destruir la confianza del niño en su propio cuerpo, y daría pie a problemas y rivalidades sin fundamento.

■ **El orinal no debe ser un trono colocado en el centro del salón.** Que en el breve lapso subsiguiente al día de quitarle los pañales se las componga para que su hijo tenga siempre un orinal a mano y las nalgas casi al aire, de acuerdo. Pero muy pronto habrá que devolverlo a los lavabos, que es el sitio destinado a tales menesteres.

■ **Si su hijo varón quiere hacer pipí de pie, como su papá, ¿por qué no?** Pero, por favor, no le sujete el pene como si fuera a caérsele. Que su padre le enseñe el sistema, y después que se apañe él solo.

Si instala a sus hijos en el reborde del inodoro, póngales una banqueta y un reductor de diámetro: se sentirán más confiados y serán autónomos. Pero no hay que precipitarse; el paso del orinal a la taza se producirá automáticamente cuando el niño comprenda y admita que es allí donde de todas formas se termina vertiendo el contenido.

- **No vacíe inmediatamente el orinal** en el inodoro, tirando de la cadena a continuación. El niño no lo entendería. Le reclama la ofrenda de lo que él considera una parte de su cuerpo, le felicita efusivamente, y luego va corriendo a deshacerse de su regalo. Tiene razón al sentirse perdido.

- **Enséñele a secarse** las nalgas y no se ocupe más de esta tarea.

- He expuesto detalladamente por qué no hay que forzar al niño bajo ningún concepto. No obstante es preciso, alrededor de los dos años, **explicarle** lo que se espera de él e **instarle** a usar el váter. Luego se descartarán los pañales, siempre con su aquiescencia.

  El consejo parece evidente, pero he visto muchas veces a niños de tres o cuatro años pretendidamente «sucios», cuando lo cierto era que no les habían pedido nada. Los padres habían dejado obrar a la naturaleza, sin humanizar el comportamiento del niño.

- Una vez se ha vuelto limpio, no le asedie todo el día preguntándole si tiene ganas de hacer pis. Pase a otro capítulo.

CONCLUSIÓN

Tan pronto la limpieza va bien encaminada, con la conformidad del niño, se consolidará en cuestión de días.

Por supuesto, habrá algún «accidente» fortuito. No debe tomarse a la tremenda. Un aprendizaje como éste es frágil y sensible, durante un tiempo, a las alteraciones afectivas.

Todo volverá a centrarse solo, siempre contando con el apoyo de los padres. Lo esencial es que hayan comprendido y asimilado que el organismo de su hijo es propiedad de este último, no de ellos. El proceso no es tan fácil porque, cuando el pequeño aprende a ir limpio, se pierde la dulce relación corporal que habíamos tenido mientras le cambiábamos los pañales cuatro o cinco veces al día.

Sería muy tentador sustituir ese tierno cuerpo a cuerpo por un control físico en otro campo. Lo que debe ocurrir es exactamente lo contrario: para alimentarse, para lavarse, **para todo lo referente a su cuerpo, el niño pronto será autónomo**, y así tiene que ser.

E L RITUAL DE ACOSTARSE

Para todos los niños, la hora de irse a la cama es un momento difícil. Pone fin a las actividades y a los juegos compartidos. Significa habitualmente la soledad y la separación de las personas queridas. El pequeño se encuentra una vez más en su habitación, víctima de la oscuridad, del silencio y de la ansiedad que ambos engendran.

La instauración de unos ritos específicos le permitirá recuperar su equilibrio. Este ritual, seguido de manera escrupulosa, propiciará una **transición** e inducirá progresivamente al niño a pasar de la vigilia al sueño.

Hay que reservarle el tiempo de los mimos, del cuento, de la cancioncilla, de acostar a los peluches, de la media luz, de las palabras que conjuran, de todas esas pequeñas costumbres que ayudan a restablecer la calma. Predisponen dulcemente a dormir, ya que el sueño es su finalidad última.

Es completamente normal dedicar **entre quince y treinta minutos** a meter a un hijo en la cama. Así no recibirá la impresión de que tenemos prisa por desembarazarnos de él antes de que empiece la película de la televisión, ni tenderá tanto a levantarse después de acostado.

Intentar que se prolongue el consuelo, salir de la cama o llamar a los padres una o dos veces forma parte del juego nocturno, y no origina consecuencias si sabemos mostrarnos firmes e indicar claramente al niño cuándo debe terminar.

LOS ATAQUES DE CÓLERA

Las pataletas del niño de esta edad son tan corrientes como impresionantes. Algunos son capaces de berrear durante horas. Otros se dan cabezazos contra el suelo o las paredes. Todos parecen presas de un gran sufrimiento. ¡Es difícil para un padre mantenerse sereno!

¿POR QUÉ TANTA RABIA?

El niño quiere afirmarse. Reivindica ser mayor y no entiende que no le traten como tal.

La paciencia no es su fuerte: lo quiere todo y en el mismo instante. «Mañana» o «más tarde» son expresiones que carecen aún de sentido para él.

Vive muy mal cualquier **frustración**, pues querría que sus deseos fuesen órdenes: necesita perentoriamente el bonito camión rojo del escaparate, o bien el globo que tiene su amiguito en la mano. Si está inmerso en una actividad, no tolera que le interrumpan para asuntos tan triviales como comer o irse a dormir.

Añadamos a lo dicho un **control personal** todavía **muy inmaduro**, y sabremos por qué el niño de dieciocho meses se deja arrastrar con tanta frecuencia por emociones destructivas y violentas.

Además, las rabietas son abundantes y tienen tendencia a repetirse si «resultan», o sea, si el niño extrae un **beneficio** de cualquier índole.

¿CÓMO REACCIONAR?

■ **Evite montar en cólera** a su vez y gritar más fuerte.

■ **No intente dialogar**. El niño, sumergido en sus emociones, es incapaz de comunicarse temporalmente. Ya habrá ocasión de explicarse una vez superada la crisis.

■ **Espere pacientemente** y con aire impasible que se le pase el berrinche. Si está en casa, salga de la habitación, o por el contrario lleve al niño a su cuarto diciéndole: «*Volverás cuando hayas terminado.*»

■ **No recompense sus arrebatos** si no quiere que reincida. El medio más eficaz para hacer que desaparezca una conducta indeseable como ésta es fingir no haberla visto. Discutir, razonar, tratar de apaciguar, indignarse, es prestar atención y por tanto una forma de recompensa.

Pero la peor actitud consiste en ceder, en darle la razón al niño porque se ha emberrenchinado: «*Bueno, no llores más, aquí tienes tu galleta*», o «*Cálmate, por esta noche puedes quedarte en nuestra cama*».

■ **Cuando la rabieta es pública**, cuesta más trabajo tomársela con filosofía. Si puede, no se deje afectar por los comentarios de los transeúntes.

Si no tiene más remedio que claudicar, y por ejemplo le compra al niño los dichosos caramelos porque es la única manera de terminar la compra en el supermercado, **aclare luego la cuestión**:

«*Hace un momento, en la tienda, me has obligado a comprarte unos caramelos contra mi voluntad, porque has montado un cisco terrible y no tenía el recurso de encerrarte en tu habitación. Estoy enfadada contigo. Ahora vas a pasar un buen rato en tu cuarto: has sido muy antipático y no me apetece verte. Además, la próxima vez que vaya de compras no me acompañarás.*»

De todos modos, sería mucho más práctico eludir durante unos meses esas situaciones en las cuales sabemos que corremos el riesgo de tener una escena y que seríamos incapaces de reaccionar ecuánimemente.

Si nos ponemos en el lugar del niño, **su cólera es legítima**. Él tiene sus motivos para enrabietarse. Y como todas las demás emociones, está en su derecho a exteriorizarla, aunque al hacerlo fastidie a los adultos. Pero, claro, siempre cabe la posibilidad de desahogarse en solitario:

«*Comprendo que estés furioso. A tu edad y en tu sitio, yo seguramente también lo estaría. Pero soy tu padre y no tengo intención de cambiar de idea. Así que, como tus gritos me molestan, prefiero que vayas a llorar a tu cuarto. Podrás volver en cuanto acabes.*»

CUÁNDO CONCEBIR EL SIGUIENTE HIJO

Contrariamente a lo que afirman algunos expertos, estoy convencida de que no existe una diferencia de edad ideal entre dos niños. O, mejor dicho, **la diferencia ideal es la que existe entre los hijos de cada uno**, tanto si se ha elegido, lo cual resulta fácil en el mundo actual, como si se ha aceptado con resignación porque así lo han decidido los gajes de la vida.

Generalmente, la cosa se desarrolla así. Después de que nazca su primer bebé, la joven pareja siente la necesidad de tomarse un poco de tiempo para adaptarse a esta nueva constelación familiar. Se acostumbra a decir que el primer hijo es el más difícil, y es la pura verdad. Más adelante, transcurridos seis meses... o seis años, se manifiesta de un modo progresivo el deseo de tener otro hijo.

Los padres se preguntan entonces si la diferencia con el mayor será la apropiada. De hecho, el buen momento es **cuando los dos miembros de la pareja se sienten de nuevo propicios, disponibles, acogedores**. O también cuando se anuncia un bebé sin que se haya tomado una decisión expresa y ambos lo aceptan con ilusión. O incluso cuando entretanto se ha «rehecho» la familia y se pretende dar un hermanastro al hijo ya existente.

La diferencia de edad óptima entre dos hijos es variable y depende de cada familia. Algunos padres prefieren espaciar los nacimientos con objeto de poder volcarse más plenamente en cada niño; en ese caso esperarán hasta que el mayor «empiece a encarrilarse», es decir, hasta que esté escolarizado y goce de autonomía. Otros padres, a la inversa, se dan mucha prisa en tener el segundo, quizá para prevenir el *síndrome del hijo único*, o porque quieren verles crecer juntos, o también porque ellos ya han rebasado una cierta edad.

Si lo analizamos desde el punto de vista del niño, es obvio que preferirá tener un hermano de edad próxima a la suya. Esta elección es, al principio, engorrosa para los padres, pero se revelará satisfactoria a largo plazo; a no mucho tardar sus hijos juegan entre ellos, comparten las mismas actividades, y conquistan más deprisa la independencia. Enseguida se hacen cómplices, y el aprendizaje de las leyes de la vida en sociedad se efectúa de forma espontánea.

▶ Pero, una vez más, insisto en que no hay reglas y **la diferencia de edad correcta es la que más le convenga**, en virtud de la idea que se haya formado de su familia. Si los dos están dispuestos, ¡adelante!

EL MIEDO AL AGUA

Un temor muy frecuente es el del niño a quien llevan por primera vez a la orilla del mar y grita asustado en cuanto se acerca a las olas. Quizá sus padres soñaban con un jabato que no tendría miedo a nada, que saltaría de júbilo en el rompiente del océano y les salpicaría sin parar de reír. En cambio su hijo se queda sentado medrosamente en la playa, rehúsa mojarse por encima de las rodillas, retrocede si una ola rompe cerca de él y chilla aterrorizado cuando pretendemos echarle al agua. ¿Qué hacer?

▶ Nada de nada. Es decir, **no hay que forzarle jamás**. Cualquier forma de coacción no haría sino aumentar sus miedos, agravados por un rencor tenaz contra sus padres. El margen de maniobra es pues muy limitado. Paso a dar algunas pistas.

■ Si lo que su hijo teme esencialmente es el agua fría y el vaivén de las olas, llévele antes a una **piscina pequeña**. Unas aguas cálidas y estables, sin apenas fondo, le confortarán y le reconciliarán poco a poco con el mar.

■ Investigue si ha vivido una experiencia traumatizante con el agua que le haya dejado un pavor superable. ¿Quizá tiene en la memoria relatos inquietantes? **Coméntenlo juntos**, y cálmele, sobre todo, sin burlarse de sus temores.

■ Deje que su hijo juegue tranquilo con la arena y el agua. Si le inculca **confianza** en otros terrenos, él mismo acompasará, solo, el mar a su ritmo.

En otros niños, el pánico al agua es más generalizado y llegan incluso a aborrecer la hora del baño, que se transforma en una verdadera odisea para todo el mundo. Tanto si son simples aprensiones como si entra un elemento de provocación, lo mejor también aquí es no obligarle.

La causa más común de este miedo debe buscarse en el ámbito de las **malas experiencias**: champú o gel en los ojos, una caída, temperaturas extremas del agua, etc. El niño volverá a habituarse progresivamente al baño si persistimos de un modo gradual y con mucha ternura, poniendo al principio muy poca agua en la bañera.

Sin embargo, **no hay que confundir el temor con el rechazo**: podría tratarse meramente de este último si, por ejemplo, la madre tiene costumbre de interrumpir los juegos de su hijo para bañarle, o si el «baño obligación» no deja nunca espacio al «baño placer».

▶ Los **juegos acuáticos** son también una excelente terapia. Primero se instala al niño encima del lavabo o de un barreño llenados parcialmente, y juega dentro del agua con múltipes objetos apartados a este efecto.

En una segunda fase, se coloca al pequeño mismo en medio de sus juguetes, en una tina al aire libre si la estación lo permite, o en el fondo de la bañera.

▶ ¡Cuidado!

–No le dé a su hijo ningún recipiente de vidrio: si se rompiera, resultaría muy peligroso.
–Cubra siempre el fondo de la bañera con una alfombrilla antideslizante, y no deje nunca a un niño pequeño en el agua, sea cual fuere su profundidad, sin vigilancia.

Los accidentes por ahogamiento, en el cuarto de baño, en la piscina o en el mar, son todavía demasiado numerosos.

EL MAL COMEDOR

El mal comedor pertenece a una categoría de niños que es bien conocida por los médicos, los pediatras y, en última instancia, por los psicólogos. Se presenta en general bajo el aspecto de un niño alegre, vivo, dinámico, básicamente robusto, sin un asomo aparente de delgadez, con un caracter afable. El examen médico no revela, en el 95 % de los casos, ninguna anomalía, ninguna carencia.

Pero *el mal comedor* esconde su juego. Está indudablemente enfermo, o va a sufrir de inanición, o a dejar de crecer, puesto que a fin de cuentas lo afirma su madre: ¡no come nada!

Anotado este dato, digamos que el niño en cuestión tendría tendencia a comer normalmente para él (lo «normal», en el campo de la nutrición, lógicamente, es muy elástico). Lo que ingiere le aprovecha y basta a sus necesidades. Pero sus padres, y en particular la madre, que suele estar en primera línea en estos conflictos concretos, estiman que su hijo no se alimenta bien: debería comer más, de otra manera, más regularmente, cosas más nutritivas...

A consecuencia de un bajón rutinario del apetito, hoy el niño ha comido menos. Su madre se ha puesto nerviosa. El pequeño, muy sagaz cuando se trata de saber en qué momento imponer su fuerza, se niega rotundamente a observar las reglas teóricas de la alimentación e interpreta el mismo guión en la siguiente comida. Las tensiones se agudizan y las batallas se repiten, idénticas, día tras día.

■ *El niño gira la cabeza cuando le acercan la cuchara. La madre insiste, el padre se enfada. Intentan hacer el payaso, explicarle cuentos, sitúan al pequeño delante de la televisión y, en cuanto abre la boca de sorpresa, le embuten un poco de sopa. Practican el chantaje: una cucharada por mamá, otra por tía Úrsula, otra para darme gusto.*

Cada protagonista acumula resentimiento e inquietud. Las comidas duran al menos una hora, para hacerle tragar cuatro bocados que no satisfacen a nadie. El niño pierde de vista su cuerpo, sus necesidades, sus apetencias. Sólo responde o se enfrenta al deseo de su madre.

En los casos graves, el choque de fuerzas es tal que el niño acaba no comiendo nada con su madre y vomitando si le obligan. Desarrolla al mismo tiempo una repugnancia por la comida y la certeza de haber triunfado. Porque en definitiva, convénzase de buen comienzo, **no se puede forzar a un hijo a comer**.

En estos conflictos derivados de la alimentación, los padres son inevitablemente los perdedores. A corto plazo, porque el niño se ofusca en sus rechazos; pero también a la larga, ya que el niño que adquiere el **hábito de la réplica** podría trasladarlo a otros terrenos, como el sueño o los caprichos de todo tipo. Y lo cierto es que no vale la pena.

▶ ¿Cree que su hijo no come nada, o al menos no lo suficiente? En estos apartados se incluyen algunas informaciones y consejos de sentido común que harán que las comidas sigan siendo (o vuelvan a ser) un placer compartido y que el niño, responsable de su propio apetito, crezca fuerte como un roble.

■ En nuestras sociedades de la abundancia, los adultos han adoptado la costumbre de comer demasiado para sus necesidades y su salud. Nosotros lo hemos olvidado. Los niños, en cambio, lo saben. Las cuatro comidas regulares y equilibradas son una práctica social, no una necesidad fisiológica. Las exigencias de cada organismo difieren entre sí. Saltarse una comida de vez en cuando no tiene estrictamente ninguna importancia.

■ El crecimiento no se retrasa porque se coma poco.

■ Sentarse a la mesa para compartir una comida no debe ser ni una causa de angustia ni una fuente de desavenencias.

■ Comer cuando se tiene hambre no merece ningún elogio. Abstenerse cuando no se tiene tampoco merece nuestro reproche. Al contrario, demuestra que se está en contacto con las **propias necesidades**. Se come para saciar las demandas del cuerpo, no para complacer a la madre.

■ Cuando un niño es poco tragón, hay que servirle **cantidades pequeñas (tal vez pequeñísimas)**. Si no se hace así, le desanimaremos ya antes de empezar. Ofrézcale luego que repita. Si tiene más hambre, aceptará.

■ **No se preocupe por el contenido del plato** de su hijo ni por lo que deja en él. Retírelo a la vez que los otros si come en familia, o tras una espera razonable si come aparte, y pase al plato siguiente sin más comentarios.

■ Aunque le parezca que el niño ha comido poco ya sea en el almuerzo o en la cena, no cocine un plato suplementario exclusivamente para él.

No le compense tampoco entre horas dándole unas galletas maría («*Por lo menos tendrá algo en el estómago*»).

El postre no es un premio: no le prive de él porque no se ha terminado el pescado.

■ **No obligue nunca a su hijo a comer**, ni siquiera de un modo encubierto, haciendo tonterías para distraer su atención o contándole historias de avioncitos que entran en el hangar.

En caso de apuro, **sírvale y salga de la habitación**. Actúe como si el tema de su alimentación no le interesase en lo más mínimo.

■ Si para la madre es demasiado duro proceder así, quizá el padre (o la prima, o la abuela) podría encargarse de las comidas. Una vez ha estallado el conflicto, una persona menos ansiosa tendrá mayores probabilidades de solucionarlo.

En dos palabras, y para concluir: cuando se haya cerciorado de que su hijo está sano y crece con normalidad, deje de obsesionarse por la cantidad de alimentos que ingiere y cuídese más bien de que disfrute comiendo. Verá como sus problemas, si los hubiera, se arreglan rápidamente.

LA AGRESIVIDAD Y LOS MORDISCOS

La agresividad es un comportamiento universal de los niños de entre uno y tres años. De hecho, sería su ausencia total la que resultaría preocupante, pues convertiría al pequeño en una víctima de sus compañeros o bien en un ser que no expresa sus sentimientos.

A la inversa, los efectos conjugados de la educación y de la «socialización» redundan en el **control de sus actos por parte del niño y en la derivación del instinto agresivo** hacia otros objetos (se puede ser violento dando puntapiés a un balón de fútbol y no a las piernas de las niñas).

La agresividad del niño de esta edad puede ser directa: le tira de la cola al gato, araña, empuja o muerde a sus amigos, arroja bloques de madera a la cuna del hermanito, destroza los juguetes, da tirones de pelo o amenaza a su madre con la mano en alto. También puede tomar la forma de exigencias incesantes que acaban por asfixiar al adulto, como asfixian a la rata blanca las pequeñas manos que la acarician.

Ambas conductas son normales. Sólo hay que preocuparse si el niño ejerce una crueldad o una brutalidad real con el prójimo, con otro niño más débil o un animalito, y lo hace sin un amago de compasión ni de culpa.

▶ La actitud educativa eficaz no es atacar directamente el impulso agresivo, porque no serviría de nada. Debemos, por una parte, **prohibir tajantemente el «salto a la acción»** haciendo respetar la ley moral: «*No te pido que le quieras ni que juegues con él, pero guárdate muy bien de lastimarle*», o «*Si estás disgustado conmigo,* *quédate un rato solo en tu cuarto, pero no tolero que me levantes la mano»*. El niño a quien se habla en estos términos advierte que sus sentimientos (furia, odio, etc.) son respetados y que no inspiran miedo. Ser escuchado y comprendido desarticula ya el proceso de la agresión.

Paralelamente, hay que **brindar al niño la oportunidad de expresar sus instintos** de un modo que apruebe la ética, sin peligro para terceros. Emprenderla contra los peluches, jugar con agua y arcilla, dar martillazos en el suelo o patadas a un balón, correr, saltar, son actividades que ayudan a canalizar los prontos violentos. También se pueden «inventar juegos» donde se libere la agresividad sin efectos destructivos.

A medida que crece, si los padres incitan a su hijo a controlarse y no consideran que *«la vida es un vasto combate, así que más vale prepararse cuanto antes»*, el niño tendrá tendencia a manifestar su hostilidad de un modo más aceptable; la exterioriza con palabras, o bien «juega» a la violencia (a indios y vaqueros, a perseguirse, a batallas ritualizadas) en vez de cometer el acto mismo en el cuerpo de otro.

► Hay un factor determinante en esta parte de la educación en que los padres se proponen respetar los sentimientos del niño pero reprimir sus acciones. Se trata de su propia actitud. **El autodominio se aprende con el ejemplo.** ¿Cómo unos padres que se exasperan fácilmente, gritan e incluso recurren a actos de violencia física en su hijo podrían recriminarle a él que haga lo mismo?

Evitemos morder al niño que muerde o golpear al que pega, ya que entonces justificaremos su actuación más que prohibirla («Si mamá puede hacerlo, ¿por qué yo no?»). Chillar más alto que un hijo, demostrarle la propia agresividad, amenazarle con que dejaremos de quererle, colgarle la etiqueta de «niño malo» o contradecir en su presencia la autoridad del otro cónyuge, son comportamientos que a la corta o a la larga sólo pueden acarrear consecuencias negativas.

Únicamente una represión amable y una actitud hecha de comprensión pero de gran firmeza podrán paliar la hostilidad innata de nuestro hijo.

A un niño se le enseña autocontrol mediante el ejemplo, dominándonos o derivando la propia ira hacia otros derroteros, pero sin transigir y haciéndole acatar las reglas con mucha constancia.

Un niño agresivo no es un niño perverso, tan sólo actúa como le corresponde a la edad. Así pues, no hay que regatearle frases tranquilizadoras sobre lo bueno y lo querido que es.

EL «VICIO» DE MORDER

Los mordiscos son algo corriente y vulgar hasta los dos años. El niño todavía no ha salido totalmente de la fase oral, y la boca le sirve tanto como un medio para conocer como de vía por la que expresa su amor o animadversión. La actitud adecuada es la misma que se explica en el apartado anterior, y excluye a cualquier precio morderle a nuestra vez. ¿Que así aprenderá que duele? Lo sabe de sobra.

Pasada esta edad (dos años o dos años y medio), el niño que muerde esporádicamente en una disputa, pero que por lo demás se muestra feliz y sociable, no plantea problemas. Sólo el que parece nervioso, malhumorado, y muerde sin razón conocida nos moverá a investigar qué le perturba en la actualidad.

LAS TONADILLAS GESTUALES

Las tonadillas gestuales o «escenificadas» son de una utilidad fabulosa para ayudar al niño a orientarse sobre su **esquema** corporal (la imagen que tiene de su propio cuerpo), y a desarrollar su sentido del **ritmo** y su **coordinación** motriz. A esta edad tan temprana, los padres pueden cantar y hacer la mímica con él. Muy pronto conocerá los estribillos de memoria y le encantará interpretarlos.

Algunas de estas cancioncillas insisten más en el conocimiento del cuerpo, o bien en la relajación y la descarga de las tensiones. Otras son nanas que inducen al sueño, y muchas de ellas desarrollan la agudeza visual o auditiva.

Las hay tan populares como *El patio de mi casa, Vamos a plantar las coles, Antón pirulero, En un salón francés, se baila el minué* o *La canción de los números.* Pero existen muchísimas más. Se encuentran en forma de discos o casetes (con explicación de los gestos) o en libros de amplia difusión. Los educadores, las niñeras, el personal de las guarderías y los responsables de las bibliotecas infantiles son también una buena fuente de información.

EL NIÑO DE 21 A 23 MESES

¿QUIÉN ES EL NIÑO DE 21 A 23 MESES?

LA PERSONALIDAD

Este trimestre es un período de transición entre la indómita fierecilla de la etapa precedente y la adorable criatura de dos años. El grueso de la lucha para marcar su autonomía ya ha sido librado. El niño ha ganado su propia confianza; ahora puede dar satisfacción a quienes le rodean sin tener la impresión de renegar de sí mismo, y **renuncia poco a poco a su rebeldía sistemática**. Sus negativas tienen a menudo el valor de una broma y no desprenden la misma convicción de antes. Si le proponen sus obligaciones más bien en forma de juego que como una imposición, generalmente las lleva bien a cabo.

Aunque conserva su **gran actividad**, el pequeño se muestra **más afectuoso**. Sin embargo, no ha resuelto el conflicto interior entre su deseo de independencia y la necesidad que siente de sus padres. Este dilema se traduce menos en pataletas abiertas que en una **guerra casi permanente por el poder**.

La pregunta subyacente es: «*¿Quién manda aquí? ¿Quién decide el ambiente, la hora de acostarse?*» La respuesta no es siempre: «El adulto», porque el niño se pasa todo el día dando órdenes a diestro y siniestro. Si no le pusieran límites, gobernaría de buen grado a los miembros de su entorno.

No obstante, sin tener que anular esta nueva tendencia de su carácter, es posible iniciarle paulatinamente en la negociación y el compromiso, lo cual por lo menos nos hará la vida un poco más fácil.

► Aunque el carácter comienza a centrarse en el curso de este trimestre, algunos niños se empeñan en ser revoltosos y desobedientes. Más que hacerles frente, sería deseable **fortalecer los comportamientos positivos** felicitándoles y recompensándoles cada vez que se porten conforme a nuestras expectativas, e intensificando durante un tiempo la atención, el afecto y la presencia.

La agresividad física de esta edad frente a sus iguales o frente a los adultos todavía es notoria. Ni los padres ni los educadores deben en ningún caso dejarse pegar o morder. **Una conducta agresiva tiene que atajarse en cuanto se observa**, y hay que hacer comprender claramente al niño que semejante actitud merece nuestra total censura. Eso excluye, desde luego, cualquier réplica violenta por parte del adulto, ya que entonces ¿qué clase de ejemplo le daríamos? La firmeza confiada, que no castiga, sino que explica y frena si es necesario, resulta mucho más efectiva a largo plazo.

Por lo general, el niño se interesa ya por la **limpieza**: a aquellos que veamos predispuestos, es hora de sugerirles el uso del orinal. Simultáneamente, le preocupan el **orden** (ahora se le puede explicar dónde se guardan los objetos: él se acordará y sabrá ponerlos en su sitio) y la **propiedad** (lo que es mío y lo que es tuyo). Estos tres elementos: limpieza, orden y propiedad, son junto a la autoridad los aspectos fundamentales que definen el carácter del niño de 21 a 23 meses.

EL DESARROLLO FÍSICO

El niño de esta edad es capaz de **subir una escalera erguido**, sin ayuda, sujetándose a la barandilla. Le divierte mucho bailar al son de la música y saltar con los pies juntos en una pasarela provista de barras de apoyo, o también encima de la cama si alguien le coge las manos.

Sus manos son más hábiles. Ahora ya sabe dar la vuelta a las cosas, hacer girar sobre un eje, hundir, soltar. Gracias a sus nuevas aptitudes, es más seguro y más rápido **ajustando las piezas de un rompecabezas sencillo y encajando figuras** en los huecos correspondientes. Diferencia bien unas formas de otras. También come más pulcramente. Pero, sobre todo, se vuelve muy diestro para poner en marcha la cadena musical o jugar con el mando a distancia del televisor.

EL LENGUAJE

Si las rabietas disminuyen de frecuencia e intensidad en el transcurso de este trimestre es principalmente porque el niño se expresa mejor. Tiene a su disposición vocablos y **frases** que le resultan mucho más eficaces para lograr sus objetivos que los berrinches y los gritos. Las injurias reemplazan a los golpes, y las palabras transmiten las ilusiones, los deseos y también las decepciones.

Las diferencias de un niño a otro siguen siendo importantes, aunque cabe decir que la inmensa mayoría de esta edad combina palabras fáciles para construir frases. Su vocabulario aumenta rápidamente, porque les entusiasma saber que **cada cosa tiene su nombre** y no paran hasta averiguarlo.

► Es la época cuando se puede jugar con las partes del cuerpo, que a estas alturas el niño conoce bien, diciéndole por ejemplo: «*Pon las manos en la cabeza*», «*Levanta un pie*» o «*Vuelve la cara*».

También se puede confeccionar su propio álbum de estampas con ayuda de un cuaderno de anillas lleno de fundas plastificadas. En estas fundas se introducen fotografías y dibujos de objetos previamente recortados, que empiecen todos por el **mismo fonema**. Así, en una encontraremos una piña, un plato, un perro, una puerta; en otra, un árbol, un avión, un aspirador, un halcón (en esta fase únicamente cuentan los sonidos, no la ortografía).

Como a los niños pequeños suelen apasionarles los **animales**, se puede aprovechar la ocasión para presentárselos (en el zoo, en la granja o en imágenes) y enseñarles a **imitar sus voces**. Este juego, que gusta con delirio a casi todos los chiquillos, enriquece su léxico a la vez que estimula la versatilidad de las cuerdas vocales al hacerlas trabajar con sonidos nuevos.

JUEGOS Y JUGUETES

Crece la autonomía en el juego. De ahora en adelante el niño podrá jugar **largo rato solo**, a condición de que el adulto no ande muy lejos.

Le gusta **disfrazarse** con todo tipo de prendas y accesorios prestados por los adultos. Ya vestido, juega a imitarles, a escenificar situaciones en las que le encanta hacerles participar activamente adjudicando un papel a cada uno.

Conserva su afición por el barro, la arena y el agua, pero ahora ya irá con toda libertad al **terreno de juegos** habilitado para los niños en los parques públicos. Las estructuras complejas donde puede escalar, subir, bajar, deslizarse o columpiarse son perfectamente válidas, pero todavía habrá que alentarle o vigilarle de cerca a fin de prevenir eventuales caídas.

Sus juguetes favoritos son los que tienen **mango**: un rastrillo, una escoba, un martillo, una pala, un pincel... Puede empezar a entretenerse con un juego muy elemental de **lotería de cartones**, que consiste en colocar una tarjeta ilustrada sacada al azar encima del dibujo correspondiente. Hojea solo sus **libros de imágenes** o de cuentos preferidos, que finge leer él mismo de tan bien que los conoce. Pero le gusta asimismo observar **insectos**, recoger conchas, jugar al **escondite** o inventar a partir de la materia prima que le proporcionan.

LA RISA Y EL HUMOR

Cuando se sienten felices y están sanos, los niños pequeños son alegres y bromistas por naturaleza. Estoy segura de que su hijo confirma esta definición todos los días. La jovialidad es el estado emocional común del niño que se desarrolla sin problemas.

¿Es la risa un signo de **salud psicológica** y el testimonio de un buen desarrollo mental? Sin ninguna duda. Un niño que ríe demuestra vivir en un ambiente familiar grato. Tanto con sus padres como con sus hermanos de ambos sexos, es capaz de entablar unas relaciones espontáneas y saludables. Sabe adquirir distanciamiento sin dejarse invadir por la ansiedad. Es sensible al humor de todas las situaciones, y denota conocerlas bien.

Pero también hay que ver la risa como signo de **salud física**. Al igual que el talante juguetón, desaparece en todo niño aquejado de una enfermedad grave. Más tarde vuelve, cuando el pequeño empieza a mejorar. ¿Sabía que, de forma paralela, la risa puede ayudar a conservar la buena salud? Se ha comprobado que libera en la sangre unas sustancias químicas que ayudan al organismo a luchar contra ciertas dolencias... Por no hablar de la salud mental, que es, naturalmente, igual de importante.

Cada vez que un niño se ríe, acumula tesoros de bienestar. Y él lo sabe, porque pasa buena parte de su tiempo jugando al escondite detrás de las cortinas, bromeando, buscando guasa y cosquillas. Es indudable que percibe también muy pronto el poder de su sonrisa y de sus carcajadas.

Tal niñita cautiva a su familia (y particularmente al papá) con su risa embaucadora y sus pequeños gorjeos. Cual niño corta de raíz toda tentativa de severidad por parte de sus padres recibiéndoles, después de cada nueva travesura, con una sonrisa absolutamente desarmante que parece decir: «*¿Verdad que mi ocurrencia ha sido genial?*». Ellos se ríen a gusto, orgullosos, en el fondo, de tener un hombrecito tan tunante.

De hecho, se ha constatado que la alegría de un niño va ligada directamente a la **calidad de las relaciones** que mantiene con su círculo. Si sus allegados están casi siempre sonrientes y vive en una atmósfera relajada, será espontáneamente risueño. Si sus padres son su mejor público, adoptará la costumbre de divertirse y hacer reír. Pero entonces, ¿por qué los padres son tan proclives a coartar sus iniciativas? No es infrecuente escuchar reflexiones como:

«*Deja de hacer el payaso, no tienes ninguna gracia.*»
«*No hagas más muecas o te quedarás así de feo.*»
«*Para ya de armar jaleo. ¡Me vas a romper los tímpanos!*»

▶ En lugar de dejarse arrastrar a la juerga con su hijo, los adultos le comunican la idea de que reír es una pérdida de tiempo y que vivir es una dura experiencia que debe tomarse en serio. Si quiere que su pequeño disfrute de la vida, **haga todo lo contrario**:

■ **Incórdiele** cariñosamente (poco a poco perderá su susceptibilidad) y deje que él también le importune.

■ **Sepa reírse de sí mismo** cuando haga cualquier memez: el niño aprenderá a hacer lo mismo, y la propia burla es la base del humor.

■ Señálele todas las facetas absurdas o risibles de la vida cotidiana y **diviértanse** a su costa.

■ Siempre que se produzca una caída sin gravedad pero no sin miedo, cuando su hijo le mire, dudando entre la risa y las lágrimas, **sonría** en lugar de regañarle o asustarse; así el pequeño tomará el partido de la jocosidad y aprenderá a exorcizar sus temores.

■ **Déjese llevar** a «hacer el tonto» con su hijo, a decir disparates, a representar monstruos y a volverse un poco loco.

■ Ponga de relieve el **lado bueno de las situaciones** (siempre existe alguno, aunque no sea el primero que nos viene a las mientes).

■ **No se lamente** de las desgracias del mundo ni las dificultades de su vida. La seriedad y la solemnidad no son valores en sí mismas, y vivir no es intrínsecamente un problema.

■ Haga todo lo posible para no llegar nunca al final de un **día de convivencia** con sus hijos sin haber compartido **unas cuantas risotadas**. Si no sabe de qué reírse ni cómo, sígales en su inventiva: ellos son unos expertos. Están maravillosamente dotados para gozar de la vida, a menos que les desengañen nuestras actitudes de adulto.

Nada hay más triste que un niño mayor sin sentido del humor, sordo a los juegos de palabras, incapaz de «*devolver la pelota*» si alguien le pincha, susceptible y doblegado ya bajo el peso de su vida.

Para evitarlo, **vacíen conjuntamente sus tensiones** con grandes carcajadas comunitarias nacidas del alboroto, las cosquillas y el cuerpo a cuerpo familiar. La risa es la mejor terapia y el mejor hábito de todo grupo humano. Siempre es preferible reír juntos que excitarse mutuamente los nervios.

Muy a menudo, el mismo acontecimiento que encontraríamos gracioso si lo viéramos en el cine o en casa del vecino nos irrita en la nuestra, sencillamente porque estamos tensos y fatigados. La risa, con su espíritu expansivo, solventa las crisis y como nadie se enfurruña ni se encierra, no corta la comunicación entre los interlocutores y al poco rato todo el mundo se siente mucho mejor.

La costumbre de reír juntos crea una complicidad entre padres e hijos que resulta muy valiosa a cualquier edad, y más aún cuando se bordean las orillas de la adolescencia.

LA ADQUISICIÓN DEL LENGUAJE

Entre un año y medio y dos años, el nivel lingüístico es muy variable de un niño a otro. Pero constituye para todos ellos un período vital de **adquisición de vocabulario y de estructuras sintácticas**.

Lentamente, vemos como el niño evoluciona de las «palabras-frase», términos únicos portadores de significados diversos y complejos, a oraciones ya estructuradas donde aparecen la orden, la negación, la interrogación, etcétera.

Aunque la «jerga del bebé» consistente en simplificar la articulación y aligerar la frase persistirá todavía un tiempo, dará paso progresivamente a construcciones más similares al discurso adulto.

EL PAPEL FAMILIAR

Todos conocemos la importancia del lenguaje en nuestra sociedad. ¿Cómo progresar en la escuela, cómo lograr que nos comprendan los demás y cómo, más tarde, abordar la escritura, si no se domina bien la parte oral? Pues bien, es en esta época que va de uno a tres años cuando se pone en juego lo más esencial. El niño está muy interesado por la lengua, que el cerebro asimila con gran facilidad.

Numerosos estudios han demostrado que el papel de la familia en la adquisición de un lenguaje rico es **considerable**. Por supuesto, no conviene que la presión sea excesiva, ya que desanimaría al niño en vez de motivarlo. Pero una ausencia de estímulo puede provocar un retraso en el aprendizaje que podría no ser fácil de recuperar en el futuro.

¿CÓMO AYUDAR AL NIÑO?

La primera finalidad de un niño al hablar es hacerse entender y comunicarse. Por lo tanto, debe sentir esa necesidad, lo cual significa que **no aprenderá escuchando la radio o la televisión**, sino estableciendo un intercambio con sus seres queridos sobre las cuestiones que le tocan de cerca.

> ► **Incitar a un niño a la conversación, hablarle, hacerle hablar, darle tiempo para que se exprese, enseñarle que el diálogo es un placer como también que la palabra es poder, será el conjunto de actitudes que le ayudarán a desarrollar el lenguaje.**

■ Sentarse **en las rodillas** del padre o de la madre y repasar juntos un **libro de imágenes**, o bien leer un relato infantil con bonitas ilustraciones, es siempre motivo de alegría para el niño y un buen medio de ampliar su vocabulario.

■ ¿Por qué limitarse a las historias escritas? También se pueden **inventar, con muñecas, peluches o marionetas**. Así es más fácil meter al niño en el juego y hacerle hablar a su vez. Si su osito le pregunta, no vacilará en contestar.

A los niños les gusta enormemente que les expliquen cuentos en los que se juega con la voz: adoran los cambios de **acento, los sonidos agudos o graves**.

■ Cuando estamos junto al niño, ya sea jugando o paseando, podemos **describir con un vocabulario detallado lo que hacemos o lo que vemos**. «*Te envío el camión azul. ¡Fíjate qué grande es! Ese otro coche, el de color* *rojo, es más pequeño. Pero rueda muy deprisa. ¿Lo atrapas?»* Lo primordial es hablar con frases cortas y palabras poco complicadas y asequibles.

■ **Al niño le costará usar el «yo» si los padres siempre le hablan de sí mismos en tercera persona**: «*Tira la pelota a papá*» o «*Mamá va a darte la sopa*» son dos ejemplos entre un millar. Así no le facilitamos la comprensión, más bien al contrario.

■ Difícilmente se puede pedir a un niño que hable mejor que sus padres. Si estos últimos se comen la «d» de los participios («*¿Te has acabao la comida?*»), abusan de los pronombres personales («*Ven tú con tu mamá*») y de los diminutivos («*¡Ay mi niñito chiquitín!*»), conjugan mal los verbos («*Ahora comer no*» en lugar de «*Ahora no se come*»), utilizan palabras de bebé (*pupa, minino, nonón*) o intercalan corrientemente palabrotas, su hijo no tardará en imitarles. El aprendizaje de la lengua se hace por impregnación y no con un libro de gramática.

■ De todas maneras, **es inútil corregir a un niño de esta edad por su pronunciación o por el lenguaje mismo**. Si habla, lo hace lo mejor que sabe, en función de su desarrollo físico e intelectual y de sus posibilidades.

Lo que necesita son ánimos, oído, diálogo y tiempo para hacer unos progresos sensacionales a lo largo del año siguiente, hasta convertirse en un charlatán inagotable.

L A CRISIS DE OPOSICIÓN

A esta edad, los problemas de disciplina se hacen más frecuentes. A fuerza de oírse decir «no», el niño termina por aprender el término más usado de su vocabulario. Muy a menudo, responde a ese «no» con otro «no», y la escalada alcanza pronto unas cimas de las que es difícil volver a descender. Los conflictos se multiplican. ¿Que sus padres le dicen que se vista? Él se niega. ¿Que se tiene que comer el puré? Ni hablar. ¿Que es hora de acostarse o de lavarse? No quiere hacerlo. La paciencia del adulto sufre una dura prueba. Creo pues oportuno explicar el sentido de esta crisis que atraviesa el niño, y que algunos denominan acertadamente «crisis de oposición».

Hay una frase que resume bien la situación: «*El niño se afirma negando.*» Ahora que se sabe y se siente autónomo, pone especial énfasis en afianzarse como tal. Para que nadie ignore que abriga **deseos propios**, va a reivindicarlos, a veces de un modo sistemático, en oposición directa al adulto al que se enfrenta. Los *noes* no tienen siempre el **valor de un rechazo** (y podremos disuadirle de muchos), pero siempre se enuncian con plena convicción. Este nacimiento de la personalidad es absolutamente respetable, aunque en el fondo resulte fastidioso.

▶ Por consiguiente, es bueno y normal que el niño se rebele. Pero también es muy recomendable que se tropiece con una **voluntad superior** a la suya, capaz de aplicar el rigor necesario. Debe comprender que, en los asuntos importantes, no es él quien decide.

El futuro de las relaciones padres-hijos se juega aquí: o bien el niño aprenderá gradualmente a dominarse y se transformará en una personita racional y agradable, o bien será una peste que no habrá forma humana de encauzar.

■ El exceso de autoridad y de exigencias, tanto como una total carta blanca, dan a la larga malos resultados: un niño asfixiado o un niño malcriado es un ser infeliz que no se encuentra bien en su pellejo. Habrá pues que navegar entre estos dos escollos, lo cual entraña de entrada **hacer gala de paciencia y ductilidad**.

El niño aún no controla sus movimientos, sus impulsos ni sus emociones. Es incapaz de prever las consecuencias de sus actos. También es una batalla perdida de antemano esperar de un niño de esta edad más de lo que puede dar, aunque, por ejemplo, tenga un comportamiento razonado. Le abocaría al fracaso frente a los requerimientos del adulto y minaría su confianza en sí mismo.

Es asimismo erróneo y nocivo atosigarle con gritos. Tendría miedo, sería desdichado y no entendería nada.

Si se pone «terco» es porque actúa como un niño normal de dos años, no porque sea malo. Si provoca es porque intenta **comprender la conducta de los adultos** y lo que les hace reaccionar de una manera u otra. Se está edificando toda su captación de los demás.

■ Pero navegar entre los escollos del autoritarismo y el laxismo significa además tener la facultad de **hacerse obedecer**. Ciertos padres pasan mucho tiempo dando explicaciones a su hijo, negociando con él, como si se justificaran porque han de imponerle una actuación determinada... O como si creyesen que el niño va a responder mejor a un planteamiento intelectual. A esa edad, su discurso está fuera de lugar.

Por supuesto, hay que **explicar brevemente al pequeño el porqué de las prohibiciones** y las demandas para que no se sienta víctima de una arbitrariedad. Pero no tiene edad de entenderlo todo y el adulto debe estar en condiciones, al cabo de un momento, de poner fin a la discusión haciendo prevalecer su voluntad.

Expondré un ejemplo clásico. *Una madre va a buscar a su hijo a la guardería o a casa de la niñera. Una vez se ha tranquilizado con su llegada, el niño, a pesar de que la espera desde hace horas, le pone mala cara y no quiere seguirla. Huye al otro extremo de la sala o se esconde de ella. La madre argumenta y justifica: es tarde, hay que pasar por la panadería, papá espera. Pero el pequeño se obstina y la escena se eterniza, molestando a los demás niños y adultos presentes. La madre se deja manipular, le promete un caramelo, y el desplante se repite todos los días.*

¿Qué hacer? Tras un plazo prudente de palabrería y paciencia, rehúse seguir discutiendo, agarre a su hijo del brazo y lléveselo. Explicar, sí; entrar en disputas sin fin, ni pensarlo.

▶ Aparte de estas consideraciones, existen otros dos medios para conquistar el respeto de un hijo.

El primero es **no chillar sino, siempre que sea posible, adoptar una voz serena y decidida**, aunque él grite con toda su potencia. De lo contrario, hacerle subir a la parra se convertirá en su juego favorito.

En segundo lugar, **no lance frases al viento**. Mal puede el niño tomarle en serio si promete sin cumplir y le amenaza con azotainas o castigos que nunca llegan. «¡Basta ya!» debe ser realmente su última palabra, no la primera de una larga trifulca.

En materia de autoridad, vale cien veces más empezar haciendo alarde de paciencia y después zanjar firmemente la situación, que decir que no al principio y ceder por desgaste.

GOLPES Y CASTIGOS

■ Los azotes no pueden ser en ninguna circunstancia el elemento único de la disciplina. Siempre constituirán el ataque de un mayor al más débil y, por este motivo, no son un principio educativo.

Como máximo, los golpes pueden ser una **solución de urgencia** que alivie la tensión de quien los da y mitigue la culpabilidad del que los recibe. Infligidos de un modo convencido pero moderado, no están destinados a hacer daño, sino a subrayar la determinación paterna. Sanean la atmósfera mejor que un discurso interminable.

Algunos niños son educados sin recurrir a la azotaina, mientras que otros parecen buscarla. En según qué padres, un entrecejo fruncido o una voz potente contienen una mayor carga de amenazas y pueden doler mucho más que una paliza en las nalgas. No hay una norma fija.

■ El castigo es también un arma de doble filo. **Justificado, recibido después de una advertencia, aplicado diligentemente y proporcionado a la falta**, puede ayudar a los padres a cimentar su autoridad. Descontrolado, quizá se tome como una humillación y una injusticia. Habitualmente basta con poner al niño «fuera de juego» (expulsado de la habitación, en un rincón, encerrado en su cuarto) durante unos minutos.

Ninguno de los dos procedimientos se nos puede escapar de las manos ni hacer pensar al pequeño que es más o menos querido. Por eso mismo, deben ser la excepción y no la regla.

EL ESPASMO DEL LLANTO

Se llama así a una momentánea pérdida del conocimiento (unos segundos, pero pueden parecer eternos) que sobreviene a causa de un factor desencadenante muy singular: emoción, contrariedad, cólera o frustración. Este espasmo es un fenómeno bastante extendido, puesto que se ha calculado que del 4 al 5 % de los niños sufren por lo menos uno entre los cinco meses y los cinco años (la mayor frecuencia de aparición se sitúa entre los dieciocho meses y los dos años).

Se ha observado una forma «azul» en la que el niño se queda sin aliento durante un acceso de lágrimas o de rabia. Se produce la apnea, el pequeño se vuelve cianótico y pierde el sentido. La forma pálida, menos usual, la origina una frustración: el niño no grita, pero palidece y también se desmaya. **En todos los casos, el despertar es rápido** y el paciente se reanima en cuestión de minutos.

Clínicamente hablando, el espasmo del llanto no presenta ninguna gravedad. Tan sólo es la consecuencia benigna y sin secuelas de una emoción violenta sentida por el niño.

Pero no se puede decir lo mismo en el plano psicológico y educativo. Aunque el primer espasmo ocurre generalmente de manera accidental, **la reacción del entorno será decisiva** para el rumbo de los acontecimientos. El susto y la atención inmediata de la madre acentuarán una conducta que tendrá, desde entonces, tendencia a reproducirse.

Es verdad que un ataque de este tipo es muy impresionante cuando se está desprevenido. Los padres, temiendo nuevos espasmos, empiezan a sobreproteger a su hijo y no se atreven a negarle nada. Los resultados son evidentes: el niño se vuelve tiránico y juega con la inquietud de su familia para conseguir sus fines. ¡Es un medio infalible!

■ ¿Qué hacer? En el momento de la crisis, es fundamental **conservar la calma** sin dejar traslucir hasta qué punto suscita nuestros miedos más íntimos. Tendido en el suelo, el niño recobra enseguida el color.

No obstante, lo mejor de todo es, cuando presentimos que se anuncia el acceso (por ejemplo la rabieta monumental que se desata tras una negativa), **salir tranquilamente de la habitación**. Sin testigos, el espasmo se aborta. Si, convencidos de que este síntoma inocuo no cumple otro propósito que permitir al niño la obtención de sus caprichos, no nos dejamos impresionar en lo más mínimo, los espasmos del llanto desaparecerán.

A largo plazo, cabe **especular sobre la necesidad que tiene el niño de montar tanto «teatro»**. ¿No estará rodeado de un clima demasiado ansioso? ¿Han sabido sus padres asentar una relación de confianza donde el pequeño no dude del amor que le prodigan? ¿Se aplica una disciplina abierta pero firme, o bien los padres se sienten fácilmente «desbordados» por su hijo?

Éstas son las preguntas que debemos formularnos si se repiten los espasmos del llanto.

LA EXPLORACIÓN DEL PROPIO CUERPO

A lo largo de este período, todos los niños exploran su cuerpo y las posibilidades que ofrece. De pasada, y porque permanecen mucho tiempo sin pañales, descubren sus órganos genitales. Es un lugar interesante, sensible al toqueteo y las caricias.

Estas caricias son naturales. Más frecuentes a la hora de acostarse, o bien cuando el niño está triste, cansado o aburrido, no merecen ninguna atención por parte de los adultos y menos aún reprimendas.

Los tanteos genitales no tienen para el niño la misma significación, ni desencadenan las mismas sensaciones, que unas actividades idénticas en la sexualidad adulta. En su caso no son más que una secuela gratificante de la minuciosa exploración de su cuerpo.

► Si el niño se entregase a una masturbación en público, y en la medida que su acción incomode a los padres, se le puede **explicar con dulzura que ciertas caricias se hacen en la intimidad**, cuando esté solo en la alcoba o en la cama. Se trata de su cuerpo, tiene derecho a experimentar con él. Sencillamente, algunas cosas como ésta, o como las funciones excretoras, no se realizan delante de terceros.

Por lo demás, lo más sensato es no hacer caso. El niño cesará espontáneamente cuando pase a otra etapa de su desarrollo. En contrapartida, reñirle, burlarse de él, ironizar o amenazarle prolongarán su comportamiento, dándole una importancia que no tiene. Se culpa a sí mismo, se siente en falta, y eso podría repercutir negativamente en su evolución y su optimismo. Decirle a un chiquillo que se le va a caer la «minina» o que se la cortaremos es tan ridículo como peligroso.

▶ Si la masturbación se convierte en una actividad que monopoliza la vida del niño, es porque se enfrenta a **problemas vitales** que no han sido comprendidos o asimilados. No conviene reprenderle sino **ayudarle**, en último extremo con el respaldo de un profesional en psicología infantil.

EL NIÑO HIPERACTIVO

A esta edad, el comportamiento es casi una repetición. Sin embargo, es obvio que **algunos niños tienden a ser mucho más difíciles que otros**. Se diría que atraviesan una fase diabólica: tienen una fuerza y una energía colosales, que ponen al servicio de la desobediencia y la picardía. A veces nos asalta el temor de que nada ni nadie les hará entrar en vereda.

Un hijo así agota a quienes le cuidan y, en primera línea, a su madre. Las tensiones familiares que ocasiona degeneran en auténticos círculos viciosos de los cuales no sabemos cómo salir. Incluyo la descripción de una de estas pesadillas.

Mientras Juan duerme, la casa está tranquila. Pero la paz no dura, porque Juan es muy madrugador. Tanto el domingo como entre semana, raro es el día en que se despierta después de las siete. Y empieza la fiesta. Salta en su cama, tira los juguetes, llama a voz en grito. Se muere de hambre. A partir de esa hora, estallan las broncas.

Durante el desayuno, en cuanto su madre vuelve la espalda, Juan derrama el vaso de zumo de naranja y chapotea con el líquido. Luego se resiste al baño: hay que avisarle diez veces antes de que se digne ir. Sus padres afirman que no les escucha y que han de desgañitarse para atraer su atención. Después de bañarse, no se deja vestir. Si de él dependiera, le pondrían siempre la misma ropa, por sucia que esté.

Con Juan tiene uno la impresión de que incluso los actos más rutinarios de la vida son un problema. Comer, arreglarse, lavarse, ir de compras, dormir la siesta, son otras tantas pruebas que ponen a todo el mundo en el disparadero. Y el resto de la jornada está en consonancia.

Cuando juega con otros niños de su edad, acostumbra a terminar a golpes, mordiscos y los consiguientes lloros. Siempre que le deniegan algo o que le interrumpen en una actividad, organiza una pataleta mayúscula, se revuelca en el suelo, se pone en unos estados inverosímiles, y a menudo los mayores acaban claudicando para que no se lastime. No escucha jamás los toques de alerta, parece no comprender las amenazas, y aparentemente los castigos no surten efecto.

Cuando por fin llega la noche, sus padres están exhaustos. Después de una cena que Juan se ha negado a probar, el ritual de acostarle no concluye nunca. Juan llama a sus padres y se levanta un centenar de veces, y no es de extrañar que el día se cierre conflictivamente.

Existen, ¡cómo no!, momentos en los que Juan se porta como un caballerete amable, tierno, lleno de vivacidad y humor, seduciendo a cuantos le conocen. Son momentos que hacen olvidar el resto. Los padres esperan, osan soñar con que duren... Pero no es así.

¿Cree que exagero? Tanto mejor; eso es porque su hijo no se parece al de mi historia. El pequeño Juan es ciertamente terrible, pero muchas criaturas de esta misma edad, niños o niñas, comparten con él uno u otro rasgo de carácter que complica extraordinariamente la vida a los demás.

■ En primer lugar, estos niños tienen un **grado de actividad muy elevado**: siempre están en movimiento, no saben lo que es la fatiga, y se van excitando hasta perder todo su autodominio. Saltan de una cosa a otra, en apariencia incapaces de concentrarse, de escuchar o de quedarse quietos unos minutos. Mantenerles atentos a una tarea, por ejemplo el tiempo de leerles un libro corto, es pedirles demasiado.

■ Contrariamente, detestan que se les interrumpa en su actividad o que les quiten lo que tienen en la mano: son ellos, no los adultos, quienes deciden sus acciones. **Aceptan muy mal toda restricción que se ejerce en su vida.** Esta actitud hace que sea difícil imponerles un horario regular: meterles en la cama, al igual que darles la comida, son auténticas batallas campales. No escasean las complicaciones de sueño y de alimentación.

■ Además, están dotados de un **temperamento muy sensible** que les impulsa a reaccionar brutal y excesivamente ante cualquier cambio de ambiente: se encabritan, se sobreexcitan o arman grandes escándalos por naderías. Algunos, ya siendo bebés, tenían dificultad para dormir y lloraban mucho. Unas estadísticas estadounidenses han señalado que estas peculiaridades del carácter afectan al cuádruple de niños que de niñas.

La existencia de una familia donde vive un niño semejante al de este retrato puede verse singularmente alterada. Causa perturbación a los demás niños, que quedan más descuidados y se mueven en un clima de perpetua tensión; perturbación al padre, que querría gozar de un poco de descanso en las comidas, durante la velada, por la noche, y no comprende por qué su autoridad es tan fútil; y perturbación sobre todo a la madre, que se encuentra siempre, en estos casos, en el ojo del huracán.

La madre no tarda en sufrir un agotamiento nervioso de resultas del contacto con su hijo. Tiene la sensación, después de haber soñado que reinarían entre ambos ternura y complicidad, de que debe pasarse toda la vida prohibiendo y abroncando. Se siente incapaz de establecer una disciplina constante y la voluntariedad de su hijo la cansa (enamorándola también algunas veces).

De aquí suele nacer una forma de culpabilidad: *«Esto pasa porque no sé tratarle. Los otros niños no son así»*, y de rencor: *«Lo hace ex profeso para enfadarme. Me provoca a la menor ocasión.»* Finalmente, no es nada insólito que nuevos problemas familiares o conyugales vengan a sumarse a estos conflictos incesantes, donde se ponen en jaque la paciencia y la buena voluntad de todos.

▶ Si el perfil precedente no se le asemeja en nada, al menos tendrá la utilidad de hacer que sus dificultades educativas le parezcan ligeras en comparación.

Pero si se ve retratado poco o mucho, sepa que no hay nada perdido ni insalvable.

Existen maneras de recuperar y de ejercer normalmente una autoridad sobre el niño, y de instaurar en su hogar una vida más pacífica.

Necesita tomar distancia y analizar el caso con serenidad, para ver dónde se encuentra.

Hágase preguntas simples, pero desde luego fundamentales, como:

- ¿Quién es el responsable del ambiente que hay en casa? ¿Quién manda? **¿Quién es actualmente el capitán del barco?** ¿Está bien que sea así?

- ¿Cuáles son los **comportamientos totalmente inaceptables** por parte de mi hijo y aquellos en los que podría «soltar lastre» (no es posible batirse en todos los frentes a la vez)? ¿Estamos mi pareja y yo, como padres, de acuerdo en este punto?

- ¿Cuáles son las **actitudes que me sacan de mis casillas**? ¿Podría, cuando se producen, contar hasta diez antes de empezar a desbarrar y tener quizá una reacción más acorde o más eficaz?

■ ¿Qué **situaciones** desembocan matemáticamente en tragedia y me interesaría **suprimir de forma temporal** (las compras en el supermercado, las comidas en familia, etc.)?

■ ¿Es mi hijo más dócil cuando está **con otros adultos** que conmigo? En caso afirmativo, ¿cómo le quitan el genio estos últimos?

■ ¿Qué **medidas de presión** tengo aparte de las actuales, que han resultado ser un fiasco total?

■ ¿Qué **plan de acción**, diferente del que sigo ahora mismo y reflexionado con madurez, puedo poner en funcionamiento para conseguir un cambio tangible?

▶ Remítase a los capítulos dedicados a la autoridad y la disciplina: le darán explicaciones sobre lo que ocurre en el interior de su hijo y sugerencias para abordarlo.

Sin embargo, antes debe saber que estos niños especialmente activos y difíciles tienen, más que ningún otro, **necesidad de comprensión y de confianza**. Hay que organizar su vida con la mayor estabilidad posible. Es la **adopción de unos hábitos y de una rutina** lo que mejor le permitirá evitar un sinfín de conflictos.

Dentro de unos límites bien definidos, es recomendable confiar al niño ciertas tareas que deberá efectuar él solo para infundirle seguridad y **que se sienta útil y responsable**. Su problema se agravaría si le colocara a menudo en una posición de fracaso con respecto a sus intentonas o a otros niños de su edad.

S ALUD Y RIESGOS

«¡No corras, que te caerás!», «Apártate o te vas a quemar», «Si no duermes ahora, mañana estarás cansado y antipático», «Como no te abroches el abrigo pillarás un buen resfriado», «Eres igual que yo, tienes los bronquios frágiles», «Cómete la sopa o no crecerás más».

Son éstas unas frases que el niño oye prácticamente a diario. La mayoría de los padres que las utilizan no son conscientes de que presentan a su hijo una **visión del mundo peligrosa, negativa... y falsa**.

Porque, ¿quién dice que el crío se caerá, se quemará o se enfriará? Solamente el adulto. Sin embargo, una vez pronunciada la sentencia tendrá más posibilidades de materializarse. El niño considerado frágil y delicado por sus padres lo será ineludiblemente.

Entonces, ¿por qué emplear el futuro, como un mal oráculo (*«Te caerás»*) y no el condicional: *«Podrías caerte», o «Corres el riesgo de caerte»*?

Es cierto que falta todavía un tiempo para que el niño **adquiera el sentido del peligro**. No tiene, en contraste con algunos animales, un miedo instintivo cuando se pone en una situación azarosa. Son pues los adultos quienes deben darle esa educación.

Sin embargo, no hay que equivocar los medios y acabar debilitando al niño, o mermando su seguridad, con el único objeto de protegerle. La inquietud de los padres debe decrecer a medida que aumentan sus aptitudes. Vigilar y prevenir, de acuerdo, pero no es conveniente preservarle de todos los peligros a cualquier precio.

Una frase como: *«Es arriesgado trepar por esos hierros, pero si estoy yo contigo puedes intentarlo. ¡Arriba!»*, estimula al pequeño a perfeccionar una nueva habilidad. Es mucho más formativa que una mera prohibición.

Lo mismo ocurre en materia de salud. Numerosas investigaciones han puesto de manifiesto que **el individuo posee un enorme poder sobre su cuerpo y su bienestar físico**. Este último, fundamentalmente, no depende del azar ni de la herencia, sino del estado anímico.

No obstante, un gran número de padres tratan a sus hijos no como a personas resistentes cuyo estado natural es la plena forma, sino como a enfermos crónicos en potencia. Les prohíben el más ínfimo riesgo o la menor desviación de sus costumbres, vaticinándoles mil calamidades si salen sin el gorro, si comen chocolate, si no se resguardan del sol o pasan demasiado tiempo en la piscina.

En ese mismo contexto, estar enfermo es casi una suerte para el niño: se desviven por él, le llevan al médico, le hacen regalos, le cuidan, le dejan quedarse en la cama, no le obligan a comer nada más que el puré o la sopa de estrellitas, y mamá no va a trabajar. Es una verdadera bicoca.

En cambio, ¿quién le felicita, es solícito con él o le hace obsequios porque no ha estado malo en los últimos tres meses? Nadie. Por lo tanto, ser debilucho y enfermar a menudo es, para el niño, una circunstancia más productiva que tener buena salud.

¿Qué debemos hacer? No hay duda: todo lo contrario.

- **Recompensar la salud y no la enfermedad**, que atenderemos sólo lo preciso, cuidando de no convertirla en una situación placentera. Lo mismo reza también para los accidentes leves, cortes, quemaduras, cardenales y «pupas» de toda índole: una actitud sobria y ponderada siempre es preferible a irrumpir, presa de la angustia, en la farmacia de la esquina o telefonear con precipitación a los médicos de urgencia. Casi siempre, el niño tiene en sí mismo la facultad de curarse sin tanto revuelo.

■ Adoptar frente a la propia salud la actitud que querríamos desarrollar en nuestro hijo, porque, en esta cuestión como en muchas otras, **el ejemplo vale más que todos los discursos**. Eso significa no quejarse cada noche de cansancio o de migraña, no hablar de nuestras dolencias, no recurrir al botiquín a las primeras de cambio y no tomar medicamentos delante de los niños.

■ **Explicar al niño**, valiéndonos de imágenes y de comparaciones sencillas, **lo que pasa en su organismo** cuando se pone enfermo y persuadirle de que él puede intervenir en su propio estado.

Hay libros infantiles que nos ayudarán a encontrar las palabras para definir la fiebre, los microbios o las vacunas. Pero se le puede decir llanamente si acaba de hacerse un pequeño corte: «*Verás, como te has cortado una venilla, la sangre que circulaba por dentro se vierte al exterior. Así limpia la herida. Además, en la sangre hay unos componentes que se llaman plaquetas, y que actúan en el corte como unos bomberos que van a apagar un incendio; taponan el agujero y fabrican una costra. Debajo de la costra se renovará la piel; en cuanto esté lista, la protección se desprenderá. Ahora te pondremos un fino vendaje, y cuanto menos te toques la herida y menos pienses en ella, antes se curará.*» Cada noche, al cambiar el apósito, mostraremos al pequeño el avance de la cicatrización, y por ende de la curación.

■ Dar a los niños un **ejemplo de vida sana**. Es importante explicarles que el modo de vivir y de alimentarse tiene una influencia directa sobre la salud. Pero ¿cómo prohibirles las golosinas cuando nosotros fumamos un paquete de cigarrillos diario?

■ **Inculcarles una imagen de sí mismos de niños saludables**, resistentes tanto a los virus como a los dolores leves, y capaces de influir en su estado físico. Se logrará con frases como:

«Tú eres demasiado fuerte para resfriarte, pero de todas formas ponte la camiseta y así irás más abrigado.»

«Podrías pasar sin hacer la siesta; aun así, te encontrarás mucho mejor después de haber dormido.»

«Ese tobogán es peligroso, pero estoy segura de que si vas con cuidado no te ocurrirá nada. Además, aunque te cayeses no importaría mucho, no te harás ningún daño. ¡Eres un chico tan valiente y tan fortachón!»

«Te has acatarrado, pero tu cuerpo lucha ya para matar los microbios. Eres tan duro de pelar, que con zumos de naranja naturales y una buena caja de pañuelos te habrás curado en menos de una semana.»

«Estoy orgulloso de ti; te has repuesto muy deprisa, solo y sin quejarte (del resfriado, el corte o lo que sea). *Para felicitarte y darte las gracias, te voy a hacer un regalito.»*

EL RECHAZO A LA CAMA

Se trata de una situación realmente frecuente en vísperas de cumplir los dos años. Alrededor de un 70 % de los niños pequeños tienen, un día u otro, dificultades para conciliar el sueño. La reticencia a acostarse es universal, y **se repite periódicamente** durante toda la época infantil.

La crisis puede empezar en el instante en que les hablamos de ir a la cama, aunque lo más corriente es que se inicie al finalizar el ritual, cuando el padre o la madre sale del dormitorio tras darle el último beso y la separación se hace evidente. Reservar un cierto tiempo a esta ceremonia es normal. Incluso puede formar parte de ella una segunda llamada.

Pero el problema real se plantea cuando el niño llora, se levanta varias veces, o cuando todos los pretextos le parecen pocos para obligar al adulto a volver: la sed, un beso más, un muñeco que se ha caído o el miedo a la oscuridad. Y debo añadir que la crisis de oposición típica de esta edad no facilita nada la total resolución de este asunto.

Seamos claros: querer pasar una velada tranquila, sin niños, es perfectamente lícito. El pequeño **pone a prueba la resistencia de sus padres, su indecisión y su mala conciencia**; si les preocupa «no haber hecho bastante», les costará más solventar la situación.

Sin embargo, esto es lo que reconforta al niño: después de haberle escuchado un tiempo prudencial, poder convencerle de que no tiene nada que temer por quedarse solo y dormir. Comprender y sosegar siempre es mejor que sufrir pasivamente, ya que entonces uno termina perdiendo los nervios y haciendo mal uso de su autoridad.

▶ ¿Su hijo no parece estar muy decidido a acostarse? En tal caso le puede dejar en su habitación o encima de la cama, con una luz tenue y sus juguetes favoritos, pero **en calma y sin sus padres**. Se dormirá cuando le venza el sueño.

Es verdad que un niño activo tiene muchas veces problemas para apaciguarse por la noche, y que su renuencia al sueño puede ser asombrosa. Necesita que alguien le ayude a marcar los límites. Está claro que no es él, a su edad, quien debe decidir la hora en que se meterá definitivamente en su cuarto y en su cama para dormir. Eso no haría sino exacerbar una tensión que ya está a punto de estallar.

Es competencia de los padres **fijar la hora** y hacerla respetar sin titubeos. A un niño no se le puede exigir que duerma, pero sí enseñarle que a partir de un cierto momento cada uno se refugia en sus dominios para gozar de un poco de paz.

Si sus necesidades afectivas están satisfechas y no tiene el resquemor de que queremos librarnos de él, el niño admitirá la situación. Aunque, una vez más, es forzoso explicársela con toda claridad.

La experiencia demuestra que **el padre resulta más efectivo que la madre** (si bien es a ella a quien más suele llamar) cuando va a dictarle la ley de la casa.

Se impone un discurso cariñoso pero resuelto, algo así como: «*Ésta es la hora en que los niños pequeños se acuestan y sus papás pueden pasar un rato juntos y tranquilos. Tienes todo lo que te hace falta y te hemos dado un montón de besos, así que vas a quedarte en tu cama, calladito, y no te moverás más. Ni mamá ni yo volveremos a verte esta noche. Te deseo un feliz descanso.*» Si el niño insiste en levantarse, hay que acompañarle de nuevo a la cama sin decir una palabra; los dos cónyuges dejarán bien patente que están completamente de acuerdo en ese proceder.

Si **perservera en una actitud firme** que conforte al niño y ponga coto a sus exigencias, las crisis de la hora de acostarse morirán por sí mismas.

EL VERANO Y LA LIMPIEZA

Las vacaciones de verano son la época ideal para quitar al niño los pañales e intentar el salto al orinal: hace calor, no es necesario vestirle y se le pueden dejar las nalgas al aire, estamos juntos todo el día, los padres no tienen prisa y, en síntesis, es el momento.

► Si cree que su bebé está preparado para el cambio, **limítese a eliminar los pañales** durante el día y deposite el orinal en un sitio cercano. Explíquele a su hijo lo que quiere que él haga. Siempre que le vea orinar en el suelo, **llévele inmediatamente** donde debe hacerlo. **Felicítele**, sin más, pero no le riña nunca. La limpieza llegará antes de lo que piensa y los «accidentes» no tienen importancia.

Utilice el ejemplo: el suyo o el de otros niños de más edad. Normalmente quieren «copiar a los mayores», lo cual es un aliciente poderoso para aprender a controlarse.

EL NIÑO

DE

24

A

26

MESES

¿QUIÉN ES EL NIÑO DE 24 A 26 MESES?

LA PERSONALIDAD

A los dos años, el niño se ha vuelto más plácido porque está más seguro de sí mismo. Ha adquirido un mayor grado de independencia y ya no tiene que pelear para defenderse. Este nuevo equilibrio hace que se intensifiquen sus demostraciones de afecto y que dimane de él una impresión de **estabilidad**.

En este período le interesan sobre todo las palabras, y el **aprendizaje de la lengua** le absorbe mucho tiempo y energías. Al mismo tiempo, **aprende a ser limpio**, un proceso que sucede naturalmente pero que aun así requiere una considerable madurez tanto física como intelectual y afectiva.

Como le exigen «limpieza» (es decir, continencia), **le gusta desquitarse haciendo porquerías**. ¿Le piden que se desprenda de sus heces? Encontrará otras nuevas materias que explotar: la pintura, la espuma de afeitar, el champú, los productos de maquillaje o de droguería se desparramarán desde ahora sobre el suelo, la moqueta, las paredes, las muñecas o también sobre su propio cuerpo.

Toda nueva sustancia es atractiva, toda nueva experiencia digna de probarse. El dilema de los padres es: ¿cómo dejar que florezca su espíritu científico limitando los daños? Habrá que hacer un alarde de imaginación.

Aunque el negativismo está en declive y el talante se ha vuelto pacífico, **el control de las emociones es todavía frágil**. El niño se esmera en complacer y en hacer las cosas bien, y sufre cuando no lo consigue, especialmente si es objeto de críticas y reprimendas.

¿Cómo comprenderá que papá tiene acceso a la loción de afeitar y él no, o que mamá puede ponerse esmalte de uñas y ella es todavía demasiado joven? ¿Es culpa suya si el frasco ha caído encima de la moqueta blanca? Al enjabonar la alfombra sólo quería colaborar.

El momento de acostarse se convierte, a veces con la comida, en la actividad del día más ardua de dirigir. Al niño le resulta insoportable encontrarse solo en su habitación. Tiene **miedo a la oscuridad, miedo a los fantasmas**, y todavía no distingue bien lo real de lo imaginario.

Le gustaría dilatar la separación al máximo, y los rituales nocturnos no se terminan nunca. Afortunadamente, está muy encariñado con su peluche o su manta predilecta, que le hace compañía cuando al fin los padres cierran la puerta hasta el día siguiente.

¿Su hijo no es amigo de prestar? A esta edad es natural. El concepto de lo «mío» define la autonomía, le afianza en su valía personal. Los padres no le dejan tocar aquello que más estiman: él hace lo mismo.

Poco a poco, con las explicaciones pertinentes, entenderá que cuando se presta, se recupera, y que también se puede recibir de otros. Pero eso será más adelante, cuando se sienta lo bastante seguro de sí como para compartir.

EL DESARROLLO FÍSICO

La acción de caminar ya no tiene secretos para el niño, y apenas sufre caídas. Su desarrollo gira ahora en torno a la adquisición del equilibrio y las «hazañas» que realiza en el tobogán o el columpio.

Las manos también hacen progresos y permiten al pequeño acrecentar más aún su independencia: puede ponerse y quitarse solo prendas sencillas, y sabe asimismo lavarse los dientes cotidianamente. Como ha aprendido los movimientos giratorios de apretar y aflojar, los grifos, los pomos de puerta y los tapones ya no se le resisten. Pasa una a una, sin arrugarlas, las páginas de un libro y levanta torres superponiendo cubos.

EL LENGUAJE

El léxico del niño hace grandes avances. Pregunta el nombre de los objetos que ignora y lo repite para memorizarlo. Su memoria graba todo lo que oye: aliada a una viva **curiosidad** de saber y a un nivel de **comprensión** mucho más alto, le ayudará a enriquecer diariamente su vocabulario.

La pronunciación todavía deja mucho que desear, porque se come siempre las consonantes centrales, y se impacienta enseguida si tiene que repetir varias veces la misma palabra para hacerla inteligible.

Su dicción ganará claridad en el transcurso de los meses. Aún no es momento de preocuparse puesto que **se entrena mucho**, en particular cuando monologa jugando con sus muñecas, sus figuritas o sus coches.

► Podemos contribuir a que nuestro hijo de dos años aumente su vocabulario y mejore su lenguaje conversando a menudo con él. Hay que **darle tiempo de expresarse**, aunque sea difícil, y **describirle el mundo que le rodea** con frases muy asequibles. No sólo le indicaremos el nombre de las cosas, sino también para qué sirven o cómo funcionan. **Le suministraremos información precisa**: hablaremos de un podenco o un cocker, no de un perro, y en vez de decir «flor» especificaremos si es una rosa o una margarita.

LA SOCIABILIDAD

El niño de veinticuatro meses se ha convertido en un ente social complejo y en plenas funciones. Aunque sus juegos se desarrollen todavía en paralelo a los de otros más que en una auténtica interacción, **le causa placer estar con compañeros de su edad**. Entabla amistades que en algunos casos serán duraderas. Imita frecuentemente a los demás niños, sus juegos y actitudes, y se comunica de un modo más civilizado.

En sus relaciones con los adultos, ha aprendido lo esencial: cómo darles gusto, cómo enfurecerles, cómo atraer su atención. Sabe expresar de un modo más adecuado y sutil sus humores y sus emociones, sus aversiones y sus deseos.

Le sigue apeteciendo la compañía de los adultos, y su mayor ilusión es integrarse en sus actividades, como ayudar en los trabajos domésticos o en el bricolaje (aprovéchese, porque no durará).

JUEGOS Y JUGUETES

Los chicos, más que las niñas, tienen verdadera pasión por todo lo que rueda. Algunos no se separan ni a sol ni a sombra de un pequeño coche que hacen deslizarse, allí donde estén, por las paredes, el suelo, la cama o la acera, acompañando el impulso del rugido característico del motor. Pero no les gustan menos los triciclos de verdad, las bicicletas, las carretillas, los coches-silla o los carritos.

Las niñas, por su parte, se vuelven sumamente **coquetas** a esta edad. Encaramadas a los zapatos de tacón de su madre, ensayan poses delante del espejo. Quieren llevar vestidos de volantes o lazos en el pelo, y buscan los piropos de su padre para asegurarse de su embrujo y seducción.

A todos les gusta **disfrazarse**, de gato, de payaso, de princesa, de vaquero o meramente de persona mayor.

Por último, les encanta que les lean una y otra vez **relatos que reflejen su vida** cotidiana: la historia del osito que no quería dormir, las peripecias del conejo que temía a la oscuridad o las del pato que no sabía nadar.

Si tiene un poco de imaginación, no vacile en inventar: sus cuentos serán los más apasionantes, ya que incorporarán episodios vividos auténticamente por su hijo, estarán adaptados a su léxico y evolucionarán al ritmo de su interés.

LOS PELIGROS DOMÉSTICOS

Tradicionalmente, nuestra casa es un lugar donde nos sentimos a salvo, aislados de los avatares del mundo exterior. Por desgracia, no siempre ocurre así en la realidad y el hogar es, para el niño, un foco de grandes peligros. La casa peligrosa, aquella donde nos herimos, también existe.

Entre uno y cuatro años, intoxicaciones, caídas, quemaduras y ahogamientos proliferan tanto que han llegado a ser un problema acuciante de la salud pública. Estos sucesos que tienen por víctimas a los más pequeños no son «culpa de la mala suerte»: **todos somos responsables**. Si no, ¿cómo se explican los lamentables índices de accidentes domésticos registrados en Europa en los últimos años? Las tasas de muertes accidentales se elevan a un 14 por mil aproximadamente.

Debe lanzarse cuanto antes una campaña informativa a gran escala, para que todos los ciudadanos estén alertados de los riesgos que corren sus hijos.

HECHOS Y ESTADÍSTICAS

En algunos países, como Francia, cada día mueren por accidente tres niños de entre uno y nueve años. En la franja de edad que va de uno a cuatro años, constituye la primera causa de mortalidad. La mitad de estos accidentes son los denominados «domésticos», o sea, que ocurren en el hogar.

Los percances que no provocan la muerte (pero que a veces dejan secuelas graves) son mil veces más numerosos. Aproximadamente un niño menor de cinco años de cada veinte acude a la consulta del médico por un accidente casero. El 80 % de los casos son traumatismos (choques, caídas), el 11 % intoxicaciones y el 8 % quemaduras.

CAUSAS Y FACTORES DE RIESGO

Se han efectuado multitud de estudios con objeto de comprender esta realidad tan complicada que es el gran número actual de accidentes domésticos y analizar sus motivos. En ellos se advierte claramente que una contingencia así no le sucede a cualquiera ni en cualquier momento. Ciertos factores están vinculados al niño, otros a su entorno.

■ El comportamiento del pequeño es determinante: entre uno y cinco años, pero más concretamente **hacia los dos o tres, el niño atraviesa una fase intensa de desarrollo motor**. Anda de un lado a otro, trepa, escala. Le atraen la aventura y el descubrimiento. Su curiosidad le empuja a querer probarlo todo, a explorar. La fascinación que ejercen sobre él los objetos y los sitios prohibidos va ligada al deseo de hacer lo mismo que los mayores. Su carácter más bien rebelde favorece la provocación: respeta las restricciones tan sólo parcialmente.

En contraposición a esta actitud, le falta aún madurez para tomar conciencia de los riesgos que corre. Las cifras nos señalan que los accidentes afectan con mayor frecuencia a los niños que a las niñas, y preferentemente a los niños ansiosos e hiperactivos.

■ Los factores del entorno son también muy importantes. Para empezar, los del entorno familiar: el **clima afectivo** es trascendental, así como las **reacciones paternas** frente a los peligros y el **grado de vigilancia** de los hijos. Hoy en día sabemos que muchos accidentes sobrevienen en una situación de «presencia-ausencia» de los padres; están cerca, pero distraídos en otras ocupaciones (el teléfono, un segundo niño, etc.). El accidente se puede entender entonces como una forma de llamada, que en nada exculpa el defecto de atención.

El **entorno material** tampoco debe descuidarse. ¿Está equipada la casa para que viva en ella sin peligro un niño pequeño? ¿Han hecho los padres una revisión a fondo, adoptando meticulosamente todas las medidas susceptibles de minimizar los factores de riesgo? ¿Han bloqueado el acceso a la terraza, han puesto fuera de su alcance los productos tóxicos, han dejado inaccesibles las tomas de corriente?

En resumidas cuentas, los padres tienen dos modos complementarios de actuación para proteger a su hijito: habilitar el espacio y educarle sobre el peligro.

HABILITAR EL ESPACIO

Cuando se vive con un pequeño, el afán de seguridad debería ser una preocupación perenne. Es imposible escribir aquí una lista exhaustiva de todo lo que puede entrañar peligro en una casa: recorra usted mismo las habitaciones de la suya formulándose las preguntas necesarias.

Puede ser útil, sin embargo, precisar que **siete accidentes de cada diez suceden en la cocina** (una tercera parte son intoxicaciones) y dos en el cuarto de baño (intoxicaciones, caídas, quemaduras).

▶ Las partes bajas de las dos estancias mencionadas son, obviamente, aquellas a las que el niño accede con más facilidad. Así pues, hay que **guardar a cierta altura** los productos de limpieza, los utensilios cortantes y los objetos que se rompen.

Se debe ser precavido en lo referente a **cables y tomas** de luz. En la cocina, las quemaduras pueden producirlas la puerta del horno o las placas eléctricas, así como la caída de un cazo cuyo mango haya estirado el niño.

En el cuarto de baño el principal riesgo procede de los **medicamentos**, que habrá que tener rigurosamente bajo llave. Pero las caídas y los resbalones en **la bañera,** o también las quemaduras y las electrocuciones en mojado, son igualmente habituales.

Otros lugares de la vivienda no son menos peligrosos. Piense en el **costurero** dejado en el suelo, con sus tijeras y sus agujas, en las **herramientas de jardinería**, en la **cama** situada debajo de la ventana, en los **aparatos de calefacción** en mal estado y en las **plantas verdes** que son puro veneno, sin olvidar las **bolsas de plástico** (podrían asfixiar al niño si se cubre la cabeza con ellas) ni los **cacahuetes** (capaces de obstruir la tráquea). Si tiene jardín y garaje, ya sabe que tampoco están exentos de riesgo.

Una casa nunca puede ser completamente segura, pero procure que lo sea al menos la habitación del niño: no debe haber enchufes sin tapar, cantos agudos ni gradas que inciten a escaladas azarosas. Así, cuando esté ocupado en otros menesteres, habrá siempre **un sitio donde su hijo pueda jugar sin peligro** mientras le espera. Por lo demás, todas las precauciones que tome serán insuficientes. Es pues preceptivo, paralelamente, instruir al niño en este campo.

LA EDUCACIÓN SOBRE EL PELIGRO

Ya hemos visto que todos los niños no se arriesgan de la misma manera, que no hacen las mismas travesuras, y que la actitud pedagógica de los padres es decisiva. Acto seguido se incluyen algunas pistas para invitarle a la acción.

■ Hay que **ser muy contundente cuando se notifica un veto** de peligro a un niño. Debe comprender que no se trata ya de complacerle, como en los vetos de convivencia, sino de un riesgo real para él. No basta con decir «no»; se tiene que explicar el porqué de la prohibición, decírselo en palabras llanas y no dudar en repetirlo.

Con ciertos niños, aún no será suficiente. «*El fuego quema*» es una afirmación que exige ser verificada. Si está presente y ha avisado explícitamente a su hijo del riesgo implicado (y medido), déjele que lo compruebe. A cambio de un dolor mínimo habrá comprobado que le dice la verdad, y su próxima advertencia dará mejor fruto.

■ No siempre podrá mantener al niño alejado de los cuchillos, las tijeras, los aparatos eléctricos y demás ingenios caseros. Una buena actitud pedagógica preventiva consiste en **enseñarle a utilizar las cosas en vez de tenerlas siempre escondidas**. Este proceso debe hacerse en función de la edad y la madurez del niño y por descontado en presencia de un adulto hasta que adquiera maestría.

■ **Cuando ocurra un pequeño accidente**, tanto si su hijo se corta como si se quema superficialmente, o bien si sufre una caída tras incurrir en riesgos mal calculados, es preferible, en lugar de disgustarse, **explicar al niño qué ha pasado** y por qué era excesivo el peligro abordado. Para concluir se le mostrará cómo habría obtenido el mismo resultado por métodos más seguros, lo cual es una manera de responsabilizarle y de darle un testimonio de confianza.

■ Finalmente, **el niño debe entender desde el comienzo que las normas de seguridad son las mismas para todos**, y que si le prohíbe jugar con la plancha o el cuchillo trinchante no es por el placer de fastidiarle. Un adulto que maneja torpemente el cuchillo también se corta y sangra. Y cuando se cae, se hace daño.

Llame la atención de su hijo sobre las precauciones que usted mismo adopta en la vida cotidiana para eludir los peligros: esta educación, como tantas otras, se da mejor con el ejemplo.

LA ESTATURA A LOS DOS AÑOS

Existe el criterio muy extendido de que se puede conocer la estatura adulta de un niño duplicando lo que mide a los dos años. Esta regla es falsa. Las estadísticas demuestran que **los chicos alcanzan la mitad de su estatura de adultos alrededor de los veinticinco meses, y las niñas a los dieciséis meses**. Pero aun así no hay nada definitivo, porque a esa edad la curva de crecimiento todavía no se ha estabilizado.

La cuestión cambiará más adelante, cuando la pendiente continua se instale en un «pasillo» del que raramente volverá a moverse. Pero, incluso entonces, intervienen factores importantes en la futura estatura del niño, como la edad ósea o también la edad en que se iniciará la pubertad.

Pese a que el componente hereditario tiene una influencia capital, no hay que olvidar que, de una generación a otra, los hijos son estadísticamente más altos que sus padres.

UNA COMIDA ATRACTIVA

Ponga en la mesa familiar una **cantidad inusual de platillos**, restos del día anterior, verduras crudas, fiambres de carne, quesos y frutas. Solamente debe haber viandas ricas, apetitosas, multicolores y variadas.

Cada uno se sirve lo que le gusta y come la cantidad que quiere, en el orden que más le place. Como **el niño** también **se sirve solo** y coge nada más lo que le apetece, nadie controla su comida ni le coacciona en su elección.

El pequeño estará encantado, y generalmente **comerá más y con más entusiasmo** que cuando se le da el menú normal. Así, todo el mundo queda contento.

LIMPIO Y SECO DE NOCHE

La limpieza durante el sueño, en la siesta y luego por la noche, se logra algún **tiempo después que la limpieza diurna**. Algunas veces son casi simultáneas, otras las separan varios meses. ¿Qué podemos hacer para enseñársela a nuestro hijo? Prácticamente nada. Hay que confiar en él y mostrarse relajado frente a este aprendizaje.

Cuando el niño esté a punto, comprobará que tiene los pañales secos por la mañana. Siempre con su consentimiento, será el momento de quitárselos. Despertarse en medio del sueño y levantarse a orinar exige ya un buen nivel de madurez. En cuanto a pasar la noche entera sin sentir necesidades, es preciso que la vejiga haya adquirido el tamaño suficiente. En ninguno de los casos pueden actuar los adultos.

De nada le servirá privar a su hijo de la bebida nocturna. Esta técnica es cruel e inútil (lo cual no significa que tenga que beberse tres grandes vasos de agua antes de acostarse). Algunos padres encuentran práctico despertar a medias a la criatura hacia las once o las doce y llevarla así al cuarto de baño. Si el niño está de acuerdo, es una solución que puede ayudarle. Pero la limpieza nocturna sólo será un hecho cuando sea capaz de despertarse él solo.

▶ Puede facilitarle las cosas a su hijo:
- Poniéndole un pijama **cómodo de bajar**.
- Dejando siempre una **lamparita encendida** en su habitación.
- Poniendo un **orinal al pie de su cama**.

Muchos niños se ensucian por la noche a una edad en que podrían ir limpios sólo porque les da miedo atravesar el pasillo en la oscuridad.

■ Igual que cuando se instaura la limpieza de día, habrá accidentes. Con **un buen hule y un detergente de ropa blanca**, el asunto no merece ningún drama. Solamente hay que enseñar al niño a desechar las sábanas y dejarlas, junto con el pijama, en la cesta de la ropa sucia. No se trata en absoluto de imponerle un castigo, y así debe puntualizárselo, sino de darle la responsabilidad de su cuerpo.

■ **No suprima los pañales prematuramente**. Despertarse cada mañana en una cama mojada y fría es un golpe para la moral y una experiencia desalentadora. No hay que vivirla mucho tiempo.

■ **Tampoco adelanta nada enfadándose** con el niño: recuerde siempre que dormía cuando se ha hecho pipí. Por lo tanto, no ha sido adrede. Él también preferiría despertarse. Necesita su estímulo y su paciencia. Puede decirle algo así como: «*No te angusties, tan pronto estés preparado y tu cuerpo y tu cabeza lo decidan, estarás seco toda la noche. Ya verás como ocurre por sí mismo. No tiene ninguna importancia en comparación con las muchas cosas que has ido aprendiendo.*»

EL AMBIENTE EN LAS COMIDAS

A partir de los dos años, o quizá un poco antes o después según su comportamiento y las costumbres familiares, el niño puede **participar en las comidas de sus padres** y sentarse a la mesa con ellos.

Su régimen no exige que le hagan un menú especial. Pese a que algunos platos no son lo más indicado, puede probarlo todo sin problemas. Es probable incluso que, con el cambio, un niño que parecía tener poco apetito empiece a comer de un modo mucho más regular y satisfactorio para sus padres.

Sin embargo, una comida formal, y más todavía un banquete de fiesta, con la familia al completo o en el restaurante, le resultarán más bien tediosos. **No parece muy razonable obligarle a permanecer quietecito en la mesa** de principio a fin, salvo que queramos arriesgarnos a suscitar unos conflictos casi inevitables.

Compartir las comidas familiares cotidianamente sólo es posible si lo permite el empleo del tiempo de cada uno. En efecto, un niño de dos años **aún precisa una gran regularidad en sus horarios** y no puede esperar para ir a la mesa que la familia entera haya regresado del trabajo cuando estos regresos sufren oscilaciones.

Puntualidad y calma son la base de una comida ingerida en óptimas condiciones. La familia se encuentra alrededor de un plato tomado en común tras una larga jornada de separación. Ese momento es importante para su hijo. Habrá pues que fomentarlo.

■ **No lo convierta en una hora de tensiones** y enfrentamientos, ni con él ni entre los demás. No le regañe sin parar porque se mancha comiendo o no se acaba la sopa. Es el medio más infalible de cortarle el apetito y transformar las comidas en un calvario colectivo. El placer de estar juntos debe pasar por encima de todo.

■ **El televisor y la radio**, si están encendidos y captan la atención de unos y otros, **no propician la comunicación**. Su hijo desea contarle qué ha hecho durante el día, intercambiar vivencias. Hay que darle esa oportunidad, animarle incluso a que se abra.

Estos momentos de confraternización en los que se reúne toda la familia poseen un gran valor para el porvenir, y sería una lástima no sacarles partido. No olvide que si su hijo se sienta a la mesa con ilusión habrá poco peligro de que tenga problemas alimenticios.

EL DESPERTAR NOCTURNO

Un niño se despierta todas las noches, presa del pánico, y va a sofocarlo en la cama paterna. Otro, desde hace unos meses, llama a sus padres varias veces cada noche y sólo se calma con un vaso de agua y una dulce carantoña.

Añadamos al cuadro una madre exhausta, un padre irritado (o a la inversa) y unos vecinos que aporrean la pared, y comprenderemos por qué, tanto en pediatría como en psicología infantil, entre el 10 y el 20 % de las consultas versan sobre los trastornos del sueño. De hecho, estas cifras van en constante aumento: se calcula que un 40 % de los niños de dos años se despiertan al menos una vez cada noche.

Así pues, cabe preguntarse legítimamente cuál es la incidencia de las **condiciones de la vida moderna**, el estrés, el agotamiento, la precipitación, la falta de disponibilidad o el carácter irascible, en ese estado de cosas.

Cuando la familia consulta a un especialista, el problema suele estar ya arraigado. **Tan alegre, sano y saludable se muestra el niño como visiblemente extenuados están los padres**, casi en el límite de su resistencia. Los desmanes que se suceden noche tras noche desgastan terriblemente los nervios de los adultos, y su exasperación no hace más que agrandar las dificultades del niño. No es fácil escapar a este círculo vicioso, que a veces se insinúa en una etapa muy precoz.

LAS CAUSAS DEL INSOMNIO

Cuando hablamos de despertar nocturno, la actitud más cabal es constatar de antemano que no existe una razón médica o externa.

Las **enfermedades agudas** (como una otitis serosa o una infección urinaria) o bien crónicas pueden pasar inadvertidas pero justificar, por su dolor, que el niño se despierte. Lo mismo es válido para una **dificultad respiratoria** pasajera o un período de erupción dental.

Por otra parte, algunos elementos del entorno pueden tener también un papel concluyente: si el **aire de la habitación** es demasiado seco o demasiado caliente, el pequeño se despertará por la sed o la sudoración. El ruido (televisión, vecinos, tránsito de la calle) turba asimismo el sueño infantil.

Aun así, no hay que abrigar muchas ilusiones: todas estas causas son relativamente excepcionales, y la gran mayoría de los problemas de sueño pertinaces tienen un origen **psicológico**. No es un tratamiento ni un jarabe lo que ha de ponerles término, sino una reflexión conducente a un cambio en las costumbres educativas.

El sueño de ciertos niños sufre con frecuencia otra clase de agitación: las **pesadillas**. Este caso es algo distinto del **despertar nocturno**, porque el pequeño llora pero no sale forzosamente de su sopor. Le atenaza el miedo y tiene necesidad de consuelo. Como en los ejemplos anteriores, el motivo es psicológico; lo estudiaremos en un capítulo posterior.

EL ORIGEN DEL SUEÑO INQUIETO

Las razones de este despertar intempestivo son sin duda, examinadas en detalle, tan dispares como niños hay en el mundo, pero pese a todo pueden encontrarse puntos comunes o recurrentes.

■ Al niño **no le gusta separarse de sus padres** por la noche. Tiene a la vez celos de su intimidad y un cierto resquemor de dejar pasar tanto tiempo sin verles. No comprende espontáneamente por qué pueden estar juntos de día y deben alejarse a la hora de dormir. Esa antigua tradición de compartir toda la familia un mismo dormitorio le iría como anillo al dedo.

■ El reposo se compone de una sucesión de ciclos en los que se alternan el sueño profundo y un sueño más ligero. Sin entrar en pormenores, digamos que, **durante el sueño ligero, el niño está al borde de la vigilia**. El que descansa bien es aquel que enlaza automáticamente y sin ayuda con el ciclo siguiente.

Algunos pequeños se despiertan por completo en ese tránsito, pero parlotean unos momentos quedamente, sin molestar a nadie, y vuelven a dormirse. En tales casos, los padres, que oyen a su hijo barbotar o gruñir, no deben intervenir bajo ningún concepto, porque el niño creería que tiene luz verde para reclamarles una noche tras otra.

Por último, otros pequeños se despiertan durante esta fase y aprovechan para llamar, llorar o levantarse. Aquí es más difícil quedarse impasible.

Resumiendo, se podría decir que despertarse pasajeramente por la noche es normal, pero que armar un escándalo y alertar a los demás miembros de la familia ya no lo es tanto.

■ Puede suceder que el problema se origine en una **enfermedad corriente**, como la rinofaringitis. El niño, al respirar mal, se despierta en pleno sueño. Los padres deciden, sólo por unos días, cogerle en brazos y dormirle acunándolo dulcemente. Pero una vez vencido el mal, el hábito persiste, y el niño no quiere prescindir del placer de ver a sus padres durante la noche. La necesidad de contacto dura cada vez más, y para colmo renace al cabo de dos horas y hay que empezar de nuevo. Todo el mundo se extenúa.

EL NIÑO EN LA CAMA DE SUS PADRES

Muchos niños que se despiertan por la noche, en lugar de ponerse a chillar, prefieren cobijarse en el reconfortante calor de la cama paterna. Y muchos padres, antes que despertarse y devolver al pequeño a su cama, optan por hacerle un hueco. Esto es aún más frecuente y más tentador cuando el padre o la madre está solo en la cama. Cada uno es libre de actuar como quiera. Antiguamente estas cosas ocurrían con asiduidad, y todavía se practican en otras latitudes. Pero en la actualidad ya no se admiten culturalmente en los países occidentales.

Debe señalarse que, si la iniciativa tiene éxito y el pequeño es acogido en el lecho paterno para pasar allí el resto de la noche, la escena se repetirá en las noches sucesivas. Es inaudito **con qué rapidez el niño transforma en hábitos las excepciones que le convienen**. Por el contrario, si la intentona fracasa limpia y firmemente, pronto cesará.

A los padres compete saber si les molesta más tener a su hijo en la cama o enviarlo, después de haberle tranquilizado, a la soledad de la suya. Podemos considerar un caso especial las secuelas de las pesadillas, cuando el niño se acurruca contra su padre o su madre para luchar contra los fantasmas de la noche; pero ya trataremos esa cuestión más adelante.

En circunstancias normales, yo aconsejaría encarecidamente, desde una edad temprana, instalar la cama del pequeño en una habitación diferente de la conyugal.

Pero ¿cómo hay que reaccionar cuando, ya más mayor, se cuela en la cama paterna en plena noche? Se debe **decir «no», y con rotundidad**, si la situación se repite regularmente y entraña el traslado de uno de los padres que, para hacer sitio al niño, se irá a dormir a otro lugar, al sofá del salón o la misma cama, ahora libre, de su hijo.

ACTITUDES POCO RECOMENDABLES

La mayoría de los padres expresan claramente un deseo: que su hijo empalme bien el sueño, y que por fin ellos también puedan dormir toda la noche de un tirón. Pero las acciones inconscientes no son tan sencillas, ni llevan necesariamente allí donde se quiere ir. Así pues, ciertos comportamientos paternos abren la puerta a determinados trastornos del sueño, o simplemente permiten que duren. A continuación expongo algunos que es preciso evitar.

- **Amenazar habitualmente al niño con la cama** como si fuera un castigo y **acostarlo a toda prisa**, después de cenar, como si tuviéramos necesidad de quitárnoslo de encima.

- Convertirse en esclavo de su insomnio y **ponerse a su disposición a cualquier hora de la noche**. Mientras el niño encuentre alguna ventaja en despertarse y llamarnos, por supuesto que continuará haciéndolo. Y la más clara, la más evidente, de estas ventajas, es indiscutiblemente pasar un tiempo con su madre, incluso aunque le riña. Por lo tanto, es el primer premio que se debe suprimir.

- **Cambiar de actitud constantemente** frente a sus vigilias nocturnas. Una noche los padres se enfadan, otra se levantan, y la tercera, por cansancio, dejan que el niño se meta en su cama. El niño no sabe a qué atenerse, y entonces, por si acaso, decide probar suerte.

■ **Agravar el problema con desacuerdos conyugales.** Uno es partidario de la tolerancia, el otro de la firmeza. ¡El niño no vacilará en ensanchar esta brecha y transformar un momento de nervios en un conflicto generalizado! Más vale discutir la conducta oportuna durante el día, con calma, en vez de hacerlo a las dos de la madrugada, cuando todo el mundo está cansado y al borde del síncope.

■ Cuando un niño se despierta de manera excepcional, ir a verle y **cogerle en brazos o levantarlo**. Es mejor limitarse a posar la mano suavemente sobre él y apaciguarlo con la voz.

■ **Incluir en el rito del sueño un elemento que haga imprescindible a alguno de los padres**. Por ejemplo, el niño que está acostumbrado a dormirse agarrado a la mano de su madre la necesitará nuevamente para volver a conciliar el sueño si se despierta durante la noche. Es preferible adoptar un ritual que se termine con el pequeño aún despierto, de tal manera que aprenda a dormirse solo en su cama.

■ **Dar jarabes** al pequeño creyendo que así tendremos paz. Es una solución fácil que en ningún caso atacará el problema de raíz (ver el capítulo siguiente). En contrapartida, algunas veces puede resultar útil, e incluso eficaz, que sea la madre quien tome un somnífero y se tapone los oídos para aislarse de los ruidos.

■ **Empeñarse en que el niño duerma a toda costa**: es imposible. Sin embargo, se le puede inculcar calma, autonomía y tranquilidad, lo que bastará para que al menos los padres duerman correctamente.

¿QUÉ HACER?

Veamos ahora algunos consejos de sentido común que le permitirán, tal vez, comprender mejor su problema. Si no es así, no dude en buscar ayuda exterior.

■ **Pregúntese** hasta qué punto le produce placer, al margen de la fatiga, ver a su hijo por la noche, arrullarle, jugar con él. Muchos padres que están privados de la compañía de sus hijos durante el día encuentran que, en el fondo, esas horas nocturnas son entrañables.

■ **¿Qué clase de niño era usted?** Si usted mismo fue un niño de sueño difícil, es más que probable que transmita sin darse cuenta un mensaje del tipo: *«Es normal que mi hijo (o mi hija) no duerma por las noches, puesto que yo era igual a su edad.»* El niño lo capta y sabe que, aunque las apariencias digan lo contrario, le da una satisfacción al parecérsele.

■ **Aproveche el día** para prodigar a su hijo todo el amor y las atenciones que precisa. Así sentirá menos necesidad de buscarle de noche, y los padres tendrán la conciencia tranquila por no responderle.

■ Aproveche también el día para discutir y **concretar la estrategia que van a aplicar en las horas nocturnas**, procurando siempre atenerse a ella.

■ No descuide el **ritual de acostar** al niño y entréguele sus peluches, su chupete y su «mascota». Después hágale comprender de forma inequívoca que no volverán a verse hasta la mañana siguiente.

▶ El día que decida realmente poner fin a estas velas nocturnas y que sienta la fuerza interior de no contestar a las llamadas del niño, puede seguir el procedimiento que ahora se indica.

■ Explíquele que ya está bien de monsergas y que la noche se hizo para dormir. Como le habrá dicho lo mismo mil veces, al principio no le creerá.

■ Cuando se despierte, déjele llorar unos instantes, y luego levántese y repítale las nuevas reglas: *«Haz lo que quieras en tu cama, es asunto tuyo, pero guarda silencio y déjanos dormir. Abrázate a tu muñeco o a tu almohada; te hará compañía en nuestro lugar. Se acabó, por hoy ya no estamos disponibles.»* Vuelva a acostarse. Si el niño continúa llorando, insista en su postura, a poder ser sin levantarse, y repítale el mensaje.

■ Envíe al padre (al cónyuge) a decirle firme pero amablemente: *«En estos momentos tu madre descansa, duerme, así que no vendrá a verte. Comprendo muy bien que te cueste aceptarlo, pero pasa las noches conmigo, no contigo. Y también es la última vez que yo me levanto. Mañana será maravilloso reunirnos contigo. Ahora, felices sueños.»*

Luego haga un esfuerzo para no echarse atrás en sus decisiones, aunque la sesión de llanto le parezca interminable. Mañana será más corta, y más aún la noche siguiente.

Para las zozobras nocturnas, el único secreto del éxito se fundamenta en tres puntos de los padres:
■ Estar seguros de sí mismos y de su táctica.
■ Estar de acuerdo entre la pareja.
■ Mantener noche tras noche la misma actitud afectuosa, pero categórica.

LOS JARABES CALMANTES

La demanda de los padres para que el médico les prescriba un fármaco milagroso, capaz de resolver de una vez por todas los problemas de sueño crónicos de su hijo, puede llegar a ser muy apremiante. **Por desgracia, no existe tal medicamento.**

Los jarabes existentes disimulan el mal, pero de ningún modo lo solucionan, porque no atacan su causa. Con su acción, alteran el desarrollo natural del sueño. Además, algunas veces provocan efectos contrarios en los que el niño se excita más todavía para combatir la somnolencia que le han impuesto.

Como los jarabes son fáciles de administrar y los conflictos del sueño desquician al más templado, los padres ceden a la tentación de aumentar las dosis cotidianas: se establece entonces una costumbre nefasta, de la que será difícil librarse y cuyas consecuencias a largo plazo son poco conocidas.

► ¿Por qué no utilizar mejor el poder calmante de algunas plantas? En tisana o en infusión, puede darle a su hijo **tila**, flor de **azahar** o **espino blanco**. Pruebe asimismo la **valeriana**, la tintura de **pasiflora** y el agua de azahar, a razón de veinte gotas en medio vaso de agua tibia azucarada.

No obstante, la única solución verdaderamente eficaz consiste en **comprender lo que significa un trastorno del sueño** y modificar lo que sea menester en la vida del niño.

LA LIMPIEZA DE LOS DIENTES

Alrededor de los dos años, se puede proporcionar al niño el material necesario para que se lave los dientes todas las noches antes de acostarse: **una pasta dentífrica infantil, un vaso de plástico y un cepillo**. Este último tiene que ser pequeño (adaptado a su edad), blando y con la cerda de nilón.

Tras darle las instrucciones prácticas, dejaremos que el niño se apañe solo. Lo esencial es hacerle **adquirir el hábito**, por ejemplo integrándolo en el ritual de la cama. Una vez se haya aclarado la boca se le puede dar una tableta de flúor para chupar, ya que es un buen preventivo contra las caries.

Progresivamente, **explique a su hijo la importancia que tiene no volver a comer después de lavarse los dientes**. También deberá aprender que ciertos alimentos son buenos para su dentadura, como las verduras y las frutas, mientras que otros pueden dañarla, como el azúcar, los caramelos, los jarabes, las sodas o la mermelada.

LA SOLEDAD DEL DORMITORIO

La habitación del niño es, por antonomasia, el teatro donde se escenifican **los miedos, los fantasmas, los sueños** más o menos reparadores. No es de extrañar que entre sus paredes se desarrollen, en algunos casos, insomnios rebeldes y repetitivas llamadas de socorro.

En tiempos remotos y hasta comienzos del siglo XX, habría sido inconcebible, y a menudo inviable, separar a un niño pequeño del resto de la familia. Los dormitorios eran comunitarios y las camas lo mismo. Cada niño compartía la suya, primero con un adulto (por ejemplo un abuelo), y luego con uno o dos hermanos. La soledad era considerada perniciosa para el niño: se conocían y se respetaban los temores nocturnos que podían engendrar brujas y hombres lobo.

Actualmente, por el contrario, una idea prefijada dicta la actitud de muchos padres al decidir la distribución de su casa: cada niño debe tener su propio cuarto, aun a riesgo de que ellos mismos duerman en el salón. Desde sus primeros meses, los hijos disponen de una habitación particular donde duermen solos. Queremos que sean autónomos muy pronto, desatendiendo algunas veces en aras de esta autonomía sus necesidades de seguridad, calor humano y protección.

Sin embargo, si preguntamos a un par de hermanos un poco mayores veremos que **prefieren seguir juntos**. Es un hecho cierto en casi todos los casos, aunque todavía se ratifica más cuando son del mismo sexo y de edades cercanas.

Compartir una misma habitación presenta innumerables ventajas:

- Ayuda a luchar contra los demonios de la noche.
- Enseña a negociar, a hacerse sitio, a ser solidarios y cómplices.
- Duplica la cantidad de juguetes disponibles.
- Incrementa la camaradería entre los niños.
- Impone a cada uno el aprendizaje del respeto al otro, a sus asuntos personales y a sus secretos.

Dormirse jugando entre las sábanas y despertar al lado de quien ha compartido nuestro sueño es una espléndida manera de empezar y concluir la noche. ¡Los adultos que viven en pareja lo saben muy bien!

Si les dan a escoger, los niños pequeños casi siempre quieren dormir dejando la puerta de su cuarto entreabierta; eso demuestra suficientemente hasta qué punto necesitan sentirse unidos al resto de la familia, a todo lo que continúa viviendo y respirando.

Naturalmente, queda la cuestión de los hijos únicos, a quienes por el momento no puede reconfortar la proximidad de ningún hermano. Hay soluciones como por ejemplo: **peluches, lámparas auxiliares** y arreglos diversos.

He conocido a padres de hijo único que rehusaban dejar que el **animal familiar**, perro o gato, durmiera con su hijo, pese a que este último ocupaba una cama de anchura sobrada. Lo prohibían en nombre de los principios de la higiene, la limpieza, la autonomía o la buena educación, aunque cabe preguntarse de qué educación se trataba, si la del niño o de la bestia, y cuál debía anteponerse a la otra. Porque, en lo referente al crío, es indudable que se habría sentido más arropado y por ende menos expuesto a la angustia nocturna con su animal de compañía, su compañero de juegos, a los pies de la cama.

Algunos padres temen, si dos o tres de sus hijos comparten un dormitorio, que esa convivencia genere un sinnúmero de conflictos derivados de la invasión del espacio ajeno.

▶ Una buena idea sería que cada ocupante de la habitación tenga **su rincón privado** (escritorio, anaquel o cajón) inaccesible a los demás (por respeto o bajo llave). También se puede dividir el cuarto con un **tabique simbólico**, ya sean estanterías, puertas plegables o incluso construyendo un desnivel.

¿Por qué separar a unos niños que prefieren permanecer juntos al calor de la fraternidad, aunque a veces salten chispas? A esta edad no persiguen soledad, sino vitalidad. ¿Tiene tantas habitaciones como hijos? Reforme alguna en sala de juegos.

EL NIÑO

DE

27

A

29

MESES

¿QUIÉN ES EL NIÑO DE 27 A 29 MESES?

LA PERSONALIDAD

Estamos esencialmente ante un niño cariñoso y agradable, mucho más fácil de entender y de educar que en los trimestres anteriores. **Le gusta colaborar**, aunque sus iniciativas no siempre son felices. Es una persona de costumbres estables: **se apoya en la rutina** para fortalecer su propia confianza y forjarse una imagen halagüeña del mundo.

Si es menos provocador y desobediente que antes, es porque **empieza a asimilar las reglas de la vida en grupo**. Se imbuye de ellas hasta el extremo de hacerlas aplicar a quienes no las respetan. Puede explicar fácilmente a otro niño que las páginas de un libro no se arrancan, y a su propio padre que debe abrocharse el cinturón de seguridad o que está mal tirar un vaso al suelo.

Es el inicio de la autodisciplina: el niño conoce las leyes básicas, se las repite a sí mismo e intenta practicarlas e implantárselas al prójimo. Ha comprendido, y eso aclara su visión del mundo, que las normas no se han inventado para «jorobarle» a él, sino que son iguales para todos. Empieza a vislumbrar que no es el centro del universo, sino un miembro de su comunidad.

Su inteligencia conceptual da un enorme salto: a partir de ahora será capaz de clasificar los objetos por colores o por formas, de ordenar y de destacar algunos elementos. Esta **inteligencia lógica** va a ponerla al servicio de sus exploraciones. Actuando ya sea como un detective, ya como un sabio en ciernes, dedica la mayor parte de su tiempo a buscar, hurgar, desmontar y examinar.

Es bueno poner a su alcance objetos que pueda investigar cómodamente si no queremos que la emprenda con el mecanismo interior del despertador o el funcionamiento de la batidora. Le interesa saber «cómo va» esto o aquello: ¿por qué no describírselo, siempre que sea posible? Quizá nacen así las más abnegadas vocaciones científicas...

EL DESARROLLO FÍSICO

Al aumentar las habilidades físicas, el campo de exploración se hace más vasto. La marcha y la carrera son seguras, y el triciclo también: el jardín o la plazoleta ya no bastan, de repente se agrandan los horizontes.

Evidentemente, el niño corre grandes riesgos y más de una vez se mete en situaciones apuradas de las que no sabe cómo salir. Su percepción del peligro no está aún a la altura de sus aptitudes. Por eso **es preciso vigilarle de cerca**.

La misión del adulto no es impedir, inhibir o castigar, sino alentar, respaldar y ayudar paulatinamente al chiquillo a adquirir mayor destreza en sus movimientos y escaladas. Con frecuencia, un estímulo verbal (*«¡Vaya! ¿No puedes volver a bajar? Levanta un poco el pie que tienes en la barra... así, muy bien... Ahora desplaza la mano que está en el lado para atrapar la cuerda, cuélgate de ella y salta al suelo sin miedo»*) es mucho mejor que una intervención física directa, porque entonces lo único que aprende el niño es su incapacidad. Si sale del trance él solo, acumulará confianza para la próxima vez.

En esta edad **sube y baja las escaleras** sin ayuda, siempre que pueda agarrarse a una barandilla. Algunos ya saben manejar unas **tijeras** pequeñas para recortar (¡cuidado, sus libros peligran!). **Sujeta un vaso lleno** con una mano sin derramarlo.

EL LENGUAJE

Esta facultad sigue perfeccionándose rápidamente, tanto que las palabras sustituyen cada día más a los actos y los gestos. El niño habla en lugar de llorar, y medita los problemas más que lanzarse enseguida a la experimentación. El uso de la lengua contribuye al desarrollo de la inteligencia, que a su vez permite una mejor utilización del lenguaje.

Dependiendo de los casos, su vocabulario comprende **entre treinta y trescientas palabras.** Ya es capaz de formar frases complejas sin equivocarse, respetando **el orden morfológico, el género de los adjetivos** y **la concordancia** de los tiempos. Si ha oído hablar dos lenguas desde su nacimiento, empieza a expresarse en ambas.

► Para ayudar al niño a ampliar su léxico, podemos pasar a una nueva etapa: **combinarlo con la experiencia sensorial**. Aprender a estar alerta, a ver, escuchar, tocar, probar, es un juego apasionante para el niño y mucho más enriquecedor si se acompaña de frases explicativas.

La naturaleza brinda infinitas oportunidades de observar lo que corrientemente no miramos (el desfilar de las nubes, el crecimiento de los brotes, un hormiguero en pleno trabajo, la araña tejiendo su tela), de tocar (el musgo, las diferentes hojas, los pelajes de los animales) y de escuchar (los trinos de los pájaros o el gorgoteo del agua).

Pero el hogar también ofrece mil posibilidades de experimentar nuevas sensaciones y darles nombre. Estar atento, saber distinguir los pequeños ruidos, percibir los detalles, son cualidades importantes que un niño debe cultivar, pues le resultarán muy útiles en sus futuras adquisiciones.

LA SOCIABILIDAD

La vida social de un niño de veintisiete meses evoluciona poco. Aunque desea y busca el contacto con sus iguales, realmente es todavía torpe en sus relaciones. **La ética y la paciencia no son su fuerte**; de igual modo, la cordialidad y las agresiones pueden alternarse casi sin transición con un mismo compañero, haciendo su amistad breve y problemática. Pero el tiempo todo lo cura.

JUEGOS Y JUGUETES

Paralelamente, el niño tiene más capacidad para jugar solo. Su imaginación y su creatividad le permiten desarrollar **guiones** que prolonga durante largo rato, y que tal vez reanude al día siguiente.

Como ya se ha comentado, sus juegos favoritos son **desmontar y volver a ensamblar** los objetos. Le produce una gran satisfacción ver que algo puede ser destruido y reconstruido exactamente igual que antes. Un taller, rudimentario pero con herramientas parecidas a las auténticas, hará sus delicias. Los rompecabezas, los bloques y los juegos de construcción participan también de esta mecánica.

Le gustan las **figuras pequeñas** que puede manipular a su antojo, de casa al parque o de la escuela al garaje, así como las marionetas, a las que empieza a saber dar vida.

Más apacible y un poco más concentrado que anteriormente, a esta edad encontrará placer en la **pintura**, en el **dibujo** (no en el mero coloreado que no respeta su creatividad), en la **pasta de modelar** y sus distintas derivaciones, en las **perlas** que se ensartan para hacer collares o los **cordoncillos** de colores que se pasan por agujeros para enmarcar los dibujos.

EL PAPEL DEL PADRE

Puede parecer anacrónico, hoy en día, abordar un capítulo con este título. De hecho el presente libro, de la primera a la última página, se dirige tanto al padre como a la madre. Querríamos creer que, gracias a la vida moderna y la evolución de las mentalidades, los papeles son ahora intercambiables: que los padres, todos más o menos «avanzados», alimentan, pasean, miman y bañan en idénticas condiciones que las madres; y que ellas, por su parte, se reparten aliviadas las tareas convencionalmente maternas y domésticas con el hombre de su vida.

Nada más lejos de la verdad. Las mujeres y los hombres pasan todo el día en sus respectivos trabajos. Ahora bien, ¿quién pide la baja porque el niño se ha puesto enfermo? ¿Quién le lleva al pediatra? ¿Quién va a matricularle en la escuela? ¿Quién se levanta de noche? ¿Quién lava y plancha? ¿Quién tiene la responsabilidad concreta y diaria de la intendencia y la educación? La madre, siempre la madre. El uno por ciento de parejas que escapan a esta regla ya pueden llenar las portadas de las revistas femeninas, que no ganarán por eso montones de adeptos.

No es que los padres quieran menos a sus hijos ni que se desentiendan; pero claro, «no les queda tiempo». Apenas se cruzan unos segundos por la mañana o por la tarde, apenas tienen ocasión de darse un beso que no sea de despedida. El tiempo de transporte sumado al horario laboral hacen los encuentros muy breves. Y la falta de deseo, de voluntad o de interés por los niños muy pequeños pone el remate.

He exagerado la nota voluntariamente. En realidad, la situación actual es **muy variable** de una familia a otra. Algunos padres cuidan a sus hijos con dedicación plena o parcial. Otros asumen el baño, el juego o los paseos ya sea ocasional o cotidianamente. Y los hay, por último, que no hacen nada; los domingos se limitan a reparar los juguetes rotos. Se fraguan una carrera profesional y ganan el pan de cada día, lo cual está bien, pero es insuficiente para crear en casa una relación de confianza y de intimidad.

El trabajo no puede justificarlo todo (también las madres salen a trabajar), y siempre es posible telefonear al niño o reservarse un hueco entre horas para ir a pasear a solas con él. Quizá sea una banalidad decir que **los años perdidos ya nunca se recuperan**, pero resulta particularmente cierto en el terreno educativo. Es en la primera infancia cuando se plantan los cimientos de una buena comunicación entre un padre y sus hijos.

Hay algo más grave, algunas veces, que la «presencia ausente»: los niños que no tienen un padre en el hogar. Lamentablemente, el padre que no vive con sus hijos en los años de formación termina desapareciendo de su vida, si no es la madre quien lo aleja de forma inconsciente o bien deliberada.

En muchos países de Occidente, y por lo general, en caso de divorcio, el padre conserva su autoridad paterna. Pero en caso de concubinato, la madre ostenta automáticamente la patria potestad y sólo una diligencia ante el tribunal tutelar puede restablecer el equilibrio. La ley, promulgada inicialmente para proteger a la mujer, va muy a menudo en contra de los intereses del niño.

▶ Este libro no es el lugar apropiado para profundizar en un debate semejante. Pero es importante recalcar que

un padre no es solamente un procreador, ni un compañero circunstancial ni una segunda madre. Al reconocer a su hijo se compromete solemnemente con él, más incluso que con su compañera. Su función respecto al niño es tan trascendental como la materna, y sería bueno que todo el mundo (la sociedad en general, pero también la madre del pequeño y él mismo) le permita hallar los medios de cumplirla. Aunque las repercusiones de la ausencia de uno u otro progenitor dependen de muchos factores, lo que está en juego aquí es la futura estabilidad del niño.

Actualmente son numerosos los padres que no comparten la vida cotidiana de sus hijos. Se puede, también en este contexto, asumir plenamente el papel de padre o de madre, por poco empeño que se ponga en estar lo más cerca posible de ellos, de su desarrollo, y en ocupar un lugar sólido en su vida.

► Tradicionalmente, el padre ha sido siempre quien servía de **intermediario entre el niño y la sociedad**, en la cual le introducía de un modo progresivo. Entre otros efectos constitutivos de la psique de la criatura, el padre es:

- **Quien abre el niño al mundo**, sacándole del binomio madre-hijo, y le faculta para ser independiente.

- **Quien le ofrece estímulos nuevos**, diferentes, más excitantes, que le ayudarán a ver la vida en «estéreo» y no en «mono».

- **Quien le proporciona un modelo social**, una especie de pilar y una referencia en los que se basará para elegir sus opciones y definirse.

- **Quien, con su autoridad, da seguridad al pequeño**, refuerza sus lazos afectivos y le enseña a oponerse sin temor a destruir.

■ **Quien posibilita su aprendizaje de las diferencias sexuales** y el descubrimiento de su propio sexo: el chico tiene un modelo con el que identificarse, la niña un hombre al que seducir.

¡Recuerde, padre! En la adolescencia será demasiado tarde para estrechar unos vínculos que no se han atado en los primeros años. El joven no tendrá nada que compartir con alguien que no ha estado nunca presente ni disponible.

En cuanto a los regalos o las vacaciones fabulosas, no compensan nada, y menos aún la atención de cada día. Al contrario: el niño no tarda en interpretarlos como lo que son, un medio de eximirse de culpa sustituyendo el tiempo que no se dedica por dinero que se gasta.

LA HORA DEL CUENTO

Leer o explicar un cuento a un hijo forma parte ancestralmente del **rito de acostarse**. Si el niño está nervioso, el relato le calma y le hace entrar con suavidad en el mundo de los sueños. Si, a la inversa, se siente cansado, constituye también un buen entretenimiento, porque no exige su participación activa.

Pero, desde luego, existen muchos **otros momentos** en los que se puede, provechosamente, contar una historia a un hijo u hojear un libro juntos. Ponerle pronto en contacto con la palabra escrita es el mejor (si no el único) medio de transmitirle la afición a los libros y el placer de la lectura.

EL INTERÉS DE LOS CUENTOS

Los cuentos amplían el **vocabulario** del niño y alimentan su **fantasía**. Le inducen a seguir una **secuencia lógica** donde determinadas acciones culminan en unos desenlaces esperados o sorprendentes. Pero los relatos aportan a la criatura mucho más todavía. En la medida en que despiertan su imaginación y su inteligencia, **le ayudan a ver más claro dentro de sí**.

Porque así les ocurre a los personajes de las aventuras en las que el niño se ve reflejado, los cuentos le permiten imaginar soluciones viables a sus miedos inconscientes o sus conflictos internos. Se libera de toda culpabilidad, puesto que hay otros en su mismo caso, y eso le infunde una mayor confianza.

En esos cuentos en que los personajes buenos son buenísimos y los malos verdaderos diablos, el niño se sitúa fácilmente. Está contento porque triunfa la bondad: su idea de un mundo justo encuentra confirmación.

LA ELECCIÓN DE LA HISTORIA

Existen incontables colecciones de libros de cuentos o de relatos infantiles. Los libreros y los bibliotecarios están calificados para informarle de lo que más conviene a la edad de su hijo.

■ **Los cuentos tradicionales** (Grimm, Andersen, Perrault, pero también las leyendas de otras partes del mundo tal vez menos conocidas) tienen un éxito imperecedero. Exponen sobre el papel conflictos y dificultades que resuenan en el subconsciente de los niños de todos los países y de todas las épocas.

Tratan casi siempre de un pobre, un valiente, un muchacho, que terminará venciendo por astucia, vivacidad o inteligencia a un malvado mucho mayor que él.

■ Las historias más recientes también son apreciadas. Al niño pequeño le gustan preferentemente los **cuentos de animales con sus crías**, pues la identificación es inmediata.

Lo mismo sucede con el relato de un niño que se parezca a él. Así se siente menos solo: hay otros chavales que se meten en aprietos, hacen tonterías o son unos incomprendidos.

■ Actualmente existen numerosos **tebeos infantiles** a los que puede suscribir a su hijo, y que ofrecen historietas de excelente calidad y bien adaptadas al niño.

■ Si pertenece a ese grupo de padres que tienen la suficiente imaginación como para **inventar** sus propias historias, sepa que sus hijos están de enhorabuena. La suya no es ya una lectura «de confección», sino «hecha a medida».

Aunque sus relatos sigan más o menos el esquema de los cuentos clásicos, usted los adorna con mil detalles que atañen sólo a sus niños, de tal manera que se sienten involucrados aún más directamente.

En su historia, intercala frases que son una clara proyección de su **vida personal** o de su subconsciente, y los pequeños lo captan perfectamente. La comunicación da un paso adelante, algo que puede serle precioso en otras situaciones.

¿CÓMO LEER?

A los niños les gusta que quien les lee el cuento se lo haga vivir realmente. Es imprescindible **dar la entonación, como en el teatro**, para que el pequeño vibre, espere, tenga miedo, se emocione, se inquiete o se divierta, se asombre con los acontecimientos y sienta por fin el alivio del desenlace.

■ No hay que dudar, durante la lectura, en reemplazar una palabra o una estructura demasiado difíciles por otras más inteligibles. **Adaptar el texto a un niño en particular**, como modificar un nombre, son atributos de la libertad y de la creatividad del narrador que hace suyo el cuento.

■ A los niños pequeños les encanta que les lean o les cuenten con frecuencia **las mismas historias**, hasta tal punto que al final se saben de memoria párrafos enteros. Sin embargo, si usted pone siempre el mismo optimismo, ellos volverán a vivir el hechizo como la primera vez.

El relato que les gusta que les repitan suele tener una profunda resonancia en sus mentes, pues encuentran en él respuestas acordes con su grado de desarrollo. Por consiguiente, es natural acceder a su demanda. Pero cuidado: exigirán el mismo tono, las mismas palabras, el mismo misterio.

Es deseable que su hijo tenga libre acceso a sus cuentos, pues puede disfrutar hojeándolos solo o contándose a sí mismo los argumentos que ya conoce.

Sus primeros libritos estarán posiblemente pintarrajeados o con las páginas rotas. No sea muy severo: es su manera de amarlos. Poco a poco, enséñele a respetar los libros y conservarlos intactos.

EL NIÑO ZURDO

Muchos padres, al ver que su hijo utiliza frecuentemente la mano izquierda para sujetar la cuchara o la pelota, se plantean la necesidad de saber si el niño es zurdo y si conviene enmendar esa tendencia. De hecho, a esta edad no siempre es sencillo determinar qué niño es diestro y qué otro zurdo. **La mayoría de ellos son todavía ambidextros**, es decir, usan las dos manos por igual.

En algunos casos, la mano derecha sirve para unas actividades y la izquierda para otras. Aunque también hay niños que emplean las dos manos indistintamente. Siempre es posible incitarle a coger el lápiz con la derecha, sólo a fin y efecto de establecer un hábito, y dejarle libertad en las demás acciones de la vida cotidiana. Nada de lo que se haga impedirá que el pequeño se declare zurdo si lo es.

▶ Algunas pruebas permiten detectar a un niño zurdo antes de salir del parvulario, edad en la que tendrá que «decidirse» por uno u otro lado. Generalmente, **la mano dominante es la que se usa en las tareas que requieren precisión**: dibujar, aguantar en equilibrio, encajar una pieza del rompecabezas. Este criterio parece más autorizado que el que tiene simplemente en cuenta la frecuencia de utilización de cada mano.

Otros ejercicios delatan asimismo esta característica que se manifiesta en todo el cuerpo, no tan sólo en la predominancia de una mano sobre otra:

■ Lanzar una pelota a las piernas del niño y ver con qué pie la devuelve.

■ Pedirle que escuche en la cavidad auditiva el rumor de una concha marina o el tic-tac de un reloj, y observar qué oreja pone.

■ En el ámbito de los ojos, tenderle un papel enrollado en forma de tubo y que mire como si fuera un catalejo.

► ¿Qué hacer si descubrimos que el niño es un zurdo total? Nada, obviamente. **No existe una mano buena y una mano mala.** Es verdad que la sociedad no siempre facilita la tarea a los zurdos, pero aun así algunos se abren paso con brillantez. Quizá si sobresalen se debe justamente a los esfuerzos superiores que han realizado en el transcurso de su escolaridad.

Si el niño tiene una habilidad normal, **no hay ninguna razón para contrariar un proceso neurológico** de lateralización que se instala gradualmente. Estos procesos son complejos y frágiles: más vale respetarlos. Corregir a un niño puede, en algunos casos, provocar problemas: dificultades de lectura y escritura, inhibiciones de tipo corporal, tartamudez y otros. Intentando que sea «diestro», lo hemos vuelto torpe.

Si conocemos el origen del asunto comprenderemos mejor por qué no debemos inmiscuirnos. En el zurdo, los hemisferios del cerebro invierten los papeles. Es el hemisferio derecho el que manda, el responsable del lenguaje y de las funciones principales, y no el izquierdo. Es lógico pues que contradecir ese predominio cause trastornos ligados al aprendizaje.

¿Por qué es zurda una persona? Misterio. Los fenómenos hereditarios tienen indudablemente un peso específico, pero no son los únicos. Se habla también de la influencia de la educación, del entorno, de la tendencia innata a la imitación.

Sea como fuere, si su hijo demuestra ser un zurdo «genuino», o sea, que todo el lado izquierdo de su cuerpo tiene una destreza superior al derecho, no le quedará otra alternativa que **respetarlo en su singularidad** y ayudarle cuando así lo exijan las circunstancias (esencialmente al comenzar la enseñanza primaria).

EL ASEO PERSONAL

Su hijo reivindica su autonomía a golpes virulentos de *«Lo haré yo solo»*. Aprovéchelos para enseñarle a cuidar de su propio cuerpo: por ejemplo, a lavarse. Muchos padres piensan que es prematuro, que no sabrá, que no quedará bien limpio. Otros encuentran tal alivio en ese momento, que no quieren renunciar a él.

Por descontado, no se trata ni mucho menos de dejar al niño solo en el cuarto de baño e ir a atender otros quehaceres; mientras subsista el **peligro de ahogamiento** (una criatura puede resbalar y ahogarse en muy poca agua hasta los cuatro o cinco años), tendrá que quedarse alguien con él todo el tiempo que pase en la bañera.

Lo que se pretende es que empiece a desenvolverse. Todo niño debe tener lo antes posible la **responsabilidad** de lo que le concierne íntimamente y afecta al bienestar de su cuerpo: debe comer, lavarse, hacer pipí, secarse, desnudarse y vestirse él solo. ¿Por qué no beneficiarnos de la edad en que reivindica esos derechos para enseñarle a que se defienda por sí mismo?

Aquí, como en tantos otros campos, «la ocasión la pintan calva». Las cosas no se harán tan bien ni tan deprisa como si continuara encargándose la madre, pero un poco de tiempo perdido ahora nos permitirá ganarlo, y mucho, más adelante. Este modo de proceder, aunque en una primera etapa exige más esfuerzo y más tiempo a los padres, les evitará asimismo un sinfín de conflictos en los años siguientes y hará al niño más autónomo, que es uno de los objetivos prioritarios de toda educación.

Si dejamos pasar este período, podría instaurarse una proximidad corporal prolongada entre el niño y la madre y una ausencia de autonomía en los comportamientos que sería perjudicial en el futuro equilibrio psicológico de la criatura.

CÓMO ENSEÑARLE A LAVARSE SOLO

■ Atraiga su atención sobre **cómo lo hace usted**: según sus preferencias, con la mano, un guante, una esponja, jabón, gel espumoso, etc.

■ Muéstrele los pequeños **detalles que no debe olvidar**: las nalgas, el ombligo, detrás de las orejas, entre los dedos de los pies...

■ Ofrézcale, para divertirle y estimularle, un guante con la figura del ratón Mickey, una esponja en forma de fresa o un jabón de plátano.

■ Ponga una **alfombrilla antideslizante** en el fondo de la bañera.

■ Por último, **¡déjele a su aire!** ¿Qué importa si su hijo no se lava conforme a las reglas y sólo sigue sus instrucciones de un modo aproximativo? No saldrá sucio del baño si ha jugado en el agua caliente por lo menos un cuarto de hora. Lo esencial es que esté bien aclarado, lo que se logra fácilmente haciéndole chapotear dentro del agua o con el chorro de la ducha.

■ Si quiere estar completamente tranquilo respecto a su higiene, puede seguir ocupándose del aseo de su hijo una vez por semana, por ejemplo los días en que toque champú. Los otros, gracias a sus consejos, se espabilará como un hombrecito.

EL PLACER DE LOS SENTIDOS

Aprender el lenguaje y luego, más tarde, abordar las complicadas enseñanzas escolares, reclama concentración y un perenne estado de alerta. Por una parte, **no sólo se aprende con la cabeza**, sino con todos los sentidos. Por otra, sería peligroso volcar al niño en un único tipo de aprendizaje, el intelectual, en detrimento de los demás. Saber utilizar los cinco sentidos no es únicamente práctico: es un gran placer.

Antes que nada, habrá que llamar la atención del pequeño sobre lo que no ve o no oye, en esencia porque, centrado como está en sí mismo, nunca se interesa espontáneamente por lo que no pertenece a su entorno inmediato y habitual.

Sin embargo, con una dosis de entusiasmo suficiente para arrastrarle a nuestro terreno, se puede mover al niño a maravillarse ante los riachuelos que forma la lluvia en los cristales o el navegar de las nubes por el cielo. Ampliar su visión es internarle en la naturaleza para buscar setas, recoger piñas o escuchar los gorjeos de los pájaros. Pero también es mostrarle lo que nunca ve: la ciudad de noche o desde una panorámica, la puesta de sol y unos fuegos artificiales.

Todos los sentidos pueden desarrollarse. ¿Por qué dejar de lado el tacto o el olfato? Ambos nos son poco familiares a nosotros, los adultos, mas para el niño cuentan enormemente. Un bebé reconoce a la madre por su olor antes incluso de verla con nitidez. Más tarde, será un «manos largas» a quien ni aun en las tiendas habrá manera de tener a distancia de estantes y expositores.

Así, los padres deben tener muy presente, en el transcurso de estos primeros años, que el desarrollo sensorial es tan importante como el físico o el intelectual. Proponemos algunas ideas, que suscitarán otras, sobre la mejor manera de potenciarlo.

LA VISTA

En ese apartado debemos fomentar esencialmente la atención visual que se presta al entorno, **realzando sobre todo el interés de los detalles.** Podemos observar, junto con el niño, cómo escapa el agua por el sifón de la bañera, cómo se distribuyen unas hojas alrededor del tallo, cómo trabaja la hormiga que transporta una miga de pan, cómo se alargan y se estrechan las sombras.

■ Para los niños timoratos, que tienen por ejemplo miedo a los insectos, puede ser muy provechoso pasar el tiempo necesario observando atentamente, **a corta distancia pero con plena seguridad**, la araña que teje su red, la abeja que liba o bien el gusano encontrado en la manzana.

EL OÍDO

Este sentido es determinante, por supuesto, en el **aprendizaje de la lengua**. Aunque, como en el caso anterior, hay que atraer la atención del niño ahora sobre los sonidos, es preceptivo comentárselos siempre: *«Fíjate, ¿oyes la sirena de la ambulancia? Vamos a ver si pasa por nuestra calle»*, *o «Escucha las campanadas, debe de ser mediodía», o también «Cuidado, voy a poner la batidora en marcha y hace mucho ruido»*.

■ Quien dice «sonidos» dice música. El niño afinará su sentido auditivo si escucha con frecuencia la **radio**: modificar la intensidad, cambiar de emisora, sintonizar canciones o idiomas extranjeros es un juego muy interesante.

■ La música que se hace oír a los niños debe ser variada. Las canciones infantiles son melódicamente muy limitadas. Le gustarán también **los temas folklóricos, las melodías del mundo** y **la música clásica**. Así su oído se abre a otros ritmos y aprende a amar todo lo que no conoce.

■ A los pequeños les encanta jugar con las voces; podemos utilizar un **magnetofón** para grabarnos unos a otros e intentar reconocernos. Al niño le entusiasmará oír su propia voz.

■ Además, oír es también **producir uno mismo sonidos y ritmos**: tamborilear con las manos, patear en el suelo, agitar botellas de plástico llenas de arroz o de lentejas son otras tantas formas de explorar compases y traspasarlos al cuerpo.

EL TACTO

La memoria, en el adulto, se apoya básicamente en la vista y el oído. Para el niño, en cambio, el tacto es a la vez un vehículo de **conocimiento** y un medio de **memorización**. Así, en lugar de acosar todo el día a nuestro hijo repitiéndole hasta la saciedad: *«No toques eso»* o *«Quita las manos, que está sucio»*, deberíamos, por el contrario, animarle a palpar y explorar con las manos siempre que sea posible.

■ Si se consulta antes al amo para asegurarse de la docilidad del animal, se puede acariciar a un perro en la calle. También se pueden comer ciertos alimentos con los dedos, hundir las manos en la tierra, tantear la corteza de los árboles. Al hilo de sus experiencias, el niño descubre lo caliente y lo frío, lo liso y lo rugoso, lo suave, lo blando, lo punzante, lo seco o lo que se pega.

■ Existen algunos juegos que ayudan a desarrollar el sentido del tacto: la gallina ciega, por ejemplo, donde hay que identificar a la gente con los ojos vendados, y en especial aquel otro en que, también con una venda en los ojos, se pasea al niño por la casa sujeto de la mano y se le dan objetos para que diga qué son.

■ Pero el sentido del tacto no se limita a las manos. Los **pies** también tienen una sensibilidad que necesita ser educada. En vez de encerrarlos todo el día en los zapatos o las zapatillas, dejémoslos desnudos. ¿Que el suelo de la casa es de un material frío? Cosa unas plantillas a un buen par de calcetines (la espuma, puesta en el lado del piso, será muy adherente).

Descalzo, el niño experimentará la sensación de caminar sobre la alfombra, el embaldosado, el parquet, la arena, la grava, la tierra y la hierba. Incluso puede ejercitarse en identificar objetos con el pie o intentar agarrarlos (una pelota, un lápiz, un pañuelo...).

■ Recoger **pedazos de superficies diversas** (terciopelo, piel animal, plástico ondulado, madera, nilón, corcho) y pegarlos en un tablero de contrachapado también puede dar lugar a numerosos juegos de reconocimiento, con la mano o con el pie, o bien a la simple satisfacción que es para el niño tocar y acariciar.

■ Por último, el tacto se extiende asimismo por **toda la piel**. Perfeccionar este sentido no es ya atemperar las caricias, los abrazos, las falsas peleas, los juegos cuerpo a cuerpo o las cosquillas. Es también coger una leche corporal o un aceite de almendras dulces y aplicarlo suavemente sobre el cuerpo.

EL GUSTO

Desarrollar el gusto o el paladar de un niño no es, *a priori*, muy difícil. Bastará con **dejar que lo pruebe todo, previniéndole si el sabor puede sorprenderle**.

Atención: no se trata de enseñarle a comer de todo, y menos aún de forzarle, sino únicamente de brindarle la oportunidad de llevarse a la boca aquello que pueda tragar. No hablamos de una introducción a la buena conducta, sino de placer.

EL OLFATO

Permitir a un hijo que mejore, o mejor dicho que no pierda, su sensibilidad olfativa tampoco entraña ninguna dificultad.

- La **cocina** contiene un millar de olores: plantas aromáticas, frutas u hortalizas recién abiertas, pan tostado, especias varias. ¿Puede, sin mirar, adivinar qué se está cociendo?

- El **cuarto de baño** es otro lugar lleno de aromas dignos de estudio: colonias, espuma de afeitar, jabones perfumados, sales de baño, leches hidratantes.

- En la **calle**, puede aprender a distinguir los olores distintivos de los comercios: la farmacia no huele como la panadería, ni la perfumería como el colmado.

- En la **naturaleza** o el campo, aspirará el perfume de las flores, la savia, la menta, la hierba o el heno ya segado, o también los vahos del establo y de la leche fresca de ordeño.

El niño, frente a todas las sensaciones, será un calco absoluto de sus padres. Según el modo como ellos se las presenten, será abierto, universalmente curioso, o bien cobarde, pusilánime y fácil de hastiar.

Por eso, saber estar en contacto con sus sensaciones y extraerles placer es, más indefectiblemente que cualquier aprendizaje intelectual, una promesa de felicidad.

LOS ABUELOS

Los abuelos de hoy no responden a la imagen tradicional que se tenía de ellos. **Son jóvenes, inquietos, y a menudo están inmersos todavía en alguna actividad profesional.** No suelen encajar, ni poco ni mucho, en el anticuado papel de *papá-hortelano y mamá-mermeladas-y-añejas-puntillas.* Por ese mismo motivo, procuran que no les confundamos con la niñera de guardia perenne. Han criado a sus hijos, o sea a nosotros, y consideran que ahora nos ha llegado el turno de atender a los nuestros.

Pero no por eso se han enfriado los sentimientos, y raros son los abuelos actuales que no acogen a sus nietos durante una parte de las vacaciones. Entonces se evidencia que tener unos abuelos jóvenes y dinámicos es una inmensa suerte.

■ **Cuanto más completa es una familia, extensa y apiñada al mismo tiempo, más feliz se siente el niño.** Con cuantas más generaciones se codea, menos asfixiado está. Cada miembro puede encontrar mayor fuerza y recibir respaldo porque no vive aislado.

Este papel de relevo y de aglutinante es fundamental en la actualidad, cuando las tasas de divorcio no cesan de elevarse y muchas familias se componen de una sola figura paterna, o bien se desintegran. Los abuelos ocupan un lugar muy importante por la **permanencia** que pueden ofrecer: el niño encuentra en ellos puntos de referencia cuya estabilidad le reconforta profundamente.

■ Frente a sus abuelos, los niños sienten una curiosidad y una admiración infinitas. Para ellos, el abuelo y la abuela no son dos ancianos. **Son las personas que tienen tiempo** para escucharles y explicarles el mundo. Superan a sus padres en disponibilidad, paciencia y perspectiva.

Por descontado, miman a sus nietos, lo que es algunas veces una fuente de conflictos con los padres. Pero es un gran privilegio para el niño, que se construye recuerdos maravillosos de cara al porvenir. Y además, ¿no son también ellos quienes buscan siempre el momento de jugar a los caballitos, de hacer pasteles caseros o de confeccionar vestidos de muñeca?

■ Los abuelos son los únicos que pueden **hablar al niño de sus padres «cuando eran pequeños»**, ayudándoles a reconstituir su propia historia y adquirir la noción del tiempo.

Es muy interesante para cualquiera saber que mamá, cuando era niña, tenía unas peloteras tremendas con su hermana, o que papá adoraba la *mousse* de chocolate, que ambos hacían travesuras y se chupaban el pulgar.

De esta manera comprenden que sus padres, tan perfectos y tan exigentes en todo, fueron también niños enfrentados a las mismas dificultades y las mismas polémicas que ellos. A partir de aquí, hacerse adulto es algo accesible.

■ Ya desde muy jóvenes, los niños son sensibles a esta memoria viva. Les ayuda a **entender la sucesión de las generaciones** y a orientarse en el tiempo. A los abuelos compete dibujarles un árbol genealógico simplificado de la familia e ilustrarlo con la fotografía de cada uno. Eso ayuda mucho a los pequeños a acordarse de que «*Tita es la hermana de mamá, que es tía de Sebastián*».

Los niños aprenden asimismo que proceden de dos cepas, razón por la que tienen cuatro abuelos y no dos, con apellidos distintos y una ascendencia bien diferenciada. En el árbol, se ven a sí mismos en el entronque de ambas líneas.

Las vacaciones en casa de los abuelos son lo más bonito que puede existir. No prive a su hijo de disfrutarlas, sean cuales fueren las discrepancias educativas que le oponen a ellos.

Estas últimas son a veces numerosas, lo cual es realmente lamentable. Los desacuerdos sobre alimentación o sobre la edad de la limpieza perjudican a todo el mundo, al niño en primer lugar.

El asunto suele arreglarse si nos tomamos la molestia de dialogar y de **escuchar las opiniones y los argumentos de todos** con mutuo respeto. Algunas ideas que parecen estar pasadas de moda pueden, no obstante, rezumar sentido común y experiencia.

Son, desde luego, los padres quienes tienen que tomar todas las decisiones relacionadas con la educación de sus hijos, pero también merece audiencia lo que dicen los abuelos. Al **ocupar una posición más objetiva**, son menos prisioneros de un modelo ideal de perfección al que el niño debería ajustarse. Los pequeños les intuyen más tolerantes, y a menudo los convierten en los confidentes de sus problemas.

Dejar que los abuelos, durante unos días, cuiden a los nietos a su manera y darles un poco tiempo, es el mejor regalo que puede hacerse a unos y otros.

LOS JUGUETES

Desde la más remota antigüedad, donde hay un niño hay un juguete. Ya se trate de un simple palo, una muñeca de trapo, una lata de conservas, una caja usada o, más cerca de nosotros, de un coche teledirigido o una muñeca parlante, la existencia de los juguetes no se atiene a épocas, lugar de nacimiento ni tampoco al nivel de vida.

Todos los niños necesitan jugar, y cualquier soporte lúdico puede, en cierto modo, denominarse «juguete». El juego es trascendental y participa sustancialmente en el desarrollo a la vez físico, intelectual, afectivo, sensorial y social del niño.

▶ Incluyo algunas ideas sobre los juguetes actuales destinados a los niños pequeños.

■ Es **inútil**, e incluso enojoso, **ofrecer** y dejar a la disposición de un hijo **un juguete que no es propio de su edad** ni de su grado de desarrollo, o que sencillamente no le interesa. Eso pone al niño en situación de fracaso y podría hacerle aborrecer este tipo de actividad en el futuro. Mejor será guardar el juguete en cuestión y volver a sacarlo al cabo de unos meses.

■ Una cantidad desmesurada de juguetes puestos a perpetuidad al alcance del niño lo sumergen y ahogan su atención. En cambio, **sacarlos alternativamente y después recogerlos** renueva su interés.

Lógicamente, esta regla no es válida para los juguetes preferidos con los que el niño juega sin cesar durante una temporada, ni para los juguetes «afectivos», cuya utilización sólo él puede determinar.

▪ Disponer los juguetes en **estanterías bajas y anchas,** o en grandes cubetas de plástico apiladas o con ruedas, permite más autonomía al niño.

De esta manera los ve mucho mejor que en un arcón convencional, y puede cogerlos siempre que lo desee. Y también aprenderá a ordenarlos fácilmente: los bloques en la cubeta azul, los peluches en la roja, los rompecabezas en la verde...

▪ Los juguetes complicados y caros, es decir, los que poseen un mayor valor lúdico no son los idóneos para los niños. Al contrario: **cuanto más sencillo es el juguete** y menos mecanismos tiene, **más libre será** de sacarle su propio partido y de dar rienda suelta a su creatividad.

No es el juguete el que ha de inventar, ni la muñeca la que ha de decir siempre la misma frase, sino el niño quien le improvisará usos y quien la hará hablar a su conveniencia. No es competencia del miniordenador enseñar a expresarse al niño afirmando, con una voz sintética y apenas comprensible: «*Te has equivocado, esto no es una jirafa, vuelve a intentarlo*», sino de los padres.

El amor que se profesa a un hijo no se mide por el número y el precio de los juguetes que invaden su habitación. Mucho más significativo es el tiempo que pasamos jugando con él. Por lo tanto, es preferible poner en sus manos, más que artefactos especializados o complejos, **materiales sin estructurar** cuyas aplicaciones pueda multiplicar a voluntad.

Citemos a modo de ejemplo: papeles, cartulinas, lápices gruesos o «plastidecor», una pizarra, tizas de colores, embalajes varios, cajas, cubos y materiales de construcción, pelotas, globos, recipientes diversos para jugar con agua, accesorios y telas para disfrazarse, o bien un garaje o una casita hechos con cartones grandes o madera contrachapada donde colocar equipos rudimentarios, muñecas, comiditas y coches en miniatura. La lista sería interminable.

■ **No hay que descuidar nunca los elementos de seguridad.** Algunos juguetes llevan una indicación en clave para certificar que respetan las normas vigentes y que, en consecuencia, están adaptados a los niños de la edad estipulada en el embalaje.

Cuando se compra un juguete, conviene poner una atención especial en los aspectos siguientes: ¿Es quebradizo, por ejemplo de vidrio o plástico fino y fácil de romper? ¿Tiene los bordes afilados, puntas que cortan, piezas desmontables que el niño podría tragarse? ¿Es lo bastante grande como para que no le quepa entero en la boca? ¿Los cordones o las cintas miden menos de treinta centímetros de longitud (si son más largos existe el riesgo de estrangulación)? ¿Hay alguna posibilidad de que se pille los dedos jugando con él? ¿Es sólido, resistirá un trato que no siempre será delicado? Lanzado por la estancia o a la cabeza de un amigo, utilizado como proyectil o como arma, ¿podría resultar peligroso?

■ Como conclusión, no se debe olvidar que a esta edad **el adulto es todavía el compañero de juegos favorito de un niño**. No son precisos ni juguetes ni dinero para reír juntos, perseguirse, jugar al escondite, contarse historias, cantar tonadillas infantiles, hacer un pastel conjuntamente o pasear por el bosque para reunir una colección de hojas muertas que se dejarán secar entre las páginas de la guía telefónica.

EL MIEDO A LA OSCURIDAD

Son escasos los niños que se libran totalmente de él. El temor a la oscuridad aparece, por lo común, entre los dos y los cinco años, durante una **etapa de transición** en el desarrollo del niño, por ejemplo al iniciarse un nuevo aprendizaje o cuando se establece un cambio de vida.

El niño, que hasta ahora se quedaba conforme cuando sus padres apagaban la luz al salir de su cuarto por las noches, empieza a reclamar que dejen una lámpara encendida en la habitación o en el pasillo y que no cierren la puerta.

A veces incluso el pequeño se despierta en plena noche y los adultos le encuentran sentado en la cama, temblando de miedo. Según sea su imaginación, habla de lobos, de monstruos, de hombres malvados, de ladrones, de un mal sueño o sólo de un pánico abstracto.

En un primer momento, los padres de hoy se quedan perplejos. Ellos, que han tenido mucho cuidado de no amenazarle jamás con el coco, que no le leerían nunca las aventuras de Alí Babá y que le han contado *La caperucita roja* con un gran lujo de precauciones oratorias, se sienten desconcertados por lo que de buena gana catalogarían de pamplinas.

Pero aunque bandidos y lobos hayan sido ahuyentados, los miedos permanecen. Y si las brujas no existen, el temor, en cambio, tiene una realidad muy tangible. Ésa es la prueba de que nace en otras fuentes y que las historias terroríficas que desde el inicio de los tiempos se han relatado a los niños en las veladas invernales, pese a no solucionar nada, no constituyen tampoco el origen del miedo. Sólo son su expresión. Sin imágenes surgidas de los cuentos, el pavor se alimentará de las sombras o del ruido de la lluvia en el tejado.

La costumbre de hacer dormir a los niños en la oscuridad total es bastante reciente. Irónicamente, data del advenimiento de la electricidad y del interruptor. Se implantó al mismo tiempo que el nuevo hábito de obligarles a dormir solos en su dormitorio.

Parece ser que, desde principios de siglo, se han subestimado las necesidades de los niños y no se han tenido en cuenta las condiciones que pueden garantizarles un sueño plácido.

■ Entre estas condiciones destaca el hecho de poder **situarse en el espacio** cuando uno se despierta de madrugada. Sabemos ya que los niños pequeños tienen el sueño ligero, o sea, que se despiertan varias veces a lo largo de la noche.

Si está en tinieblas, se siente perdido, desorientado. Su reacción instintiva será alertar y llamar a sus padres para que vayan a tranquilizarle. Pero si ve lo suficiente, gracias a una **luz íntima y reconfortante** que vendrá, ya sea de la lamparita auxiliar, ya de la estancia intermedia o del pasillo, enseguida advertirá dónde se encuentra, se pondrá correctamente en la cama y recuperará su oso o su «mascota».

Además, en cuanto le quiten los pañales para dormir, podrá levantarse solo a media noche para ir al lavabo o hasta el orinal, algo que en una penumbra completa no se atrevería a hacer durante años.

Vemos pues que dejar a un niño una pequeña luz, no sólo no entorpece el desarrollo de su autonomía, sino que incluso lo agiliza. Un día, más adelante, nos dirá abiertamente que esa misma luz le impide dormir y que prefiere quedarse a oscuras. Pero es que entonces la naturaleza de su sueño habrá cambiado, sabrá encender la lámpara de su mesilla de noche y habrá crecido mucho.

■ Instalar luces no basta. Conviene asimismo **atender al niño**, por ejemplo cuando tenga una pesadilla. Se le puede calmar de una manera **explícita**. Uno de los padres le abraza, le consuela sin burlarse de él, y hace si es preciso una inspección del cuarto, previamente iluminado, para comprobar que no hay nadie escondido.

Pero también es tarea de los padres serenar al pequeño más establemente, **hablándole del miedo mismo** y no de su objeto. Pueden, para empezar, decirle que este sentimiento es frecuente a su edad. Significa que crece, que ha tenido que renunciar a algunas prerrogativas de la primera infancia y que eso siempre asusta. Luego le ratificarán que ellos están a su lado y que sus actuales temores desaparecerán en el momento en que se sienta más fuerte. Todos los padres deben demostrar a sus hijos que «su miedo no les da miedo».

Es este tipo de reflexión el que ayuda verdaderamente a un niño a vencer sus terrores. Poco a poco, aprenderá a apaciguarse él mismo sin necesitar una intervención exterior. Al saber a sus padres comprensivos y amorosos, podrá volver a dormirse solo, estrechando al osito contra su cuerpo, repitiéndose en su fuero interno esta fórmula mágica: «*Mamá está conmigo, papá está aquí. Todo va bien, nada malo puede pasarme.*»

LA ESCUELA A LOS DOS AÑOS

Los modernos parvularios, dentro de los límites de sus plazas disponibles, acogen a niños de dos a seis años. Al no ser obligatorios, dan prioridad a los niños a partir de los tres. Pero, en la medida en que la madre trabaja y el niño, a menudo, deja libre una plaza de guardería, muchos de dos años pasan a ocupar la sección de los «muy pequeños».

▶ ¿Es o no bueno para ellos? El dilema ha dado motivo a numerosas polémicas. Las guarderías «sueltan» a sus pupilos cuando cumplen los tres años. Un niño nacido, por ejemplo, en marzo, entrará en la escuela a los tres años y medio. Sin embargo, un niño nacido en diciembre, entrará en la escuela antes de haber cumplido los tres años. La norma para la entrada en la escuela es cumplir los tres años dentro del año en curso. Por ello, los padres no pueden elegir la edad de entrada de sus hijos en la escuela.

■ Es verdad que un niño de dos años es todavía muy pequeño para integrarse en la comunidad escolar y sus obligaciones. Las clases de treinta alumnos son habituales y a la maestra (o la puericultora) le resulta prácticamente imposible, sean cuales fueren sus cualidades, dar a los pequeños el trato individual que sería deseable.

Muchos niños de esta edad todavía no tienen continencia de día, y menos aún durante la siesta. No saben cuidar de sí mismos o defenderse frente a los mayores. No hablan lo suficientemente bien para comprender todo lo que se dice, ni para expresar sus deseos y necesida des. Además, algunos deben someterse a largas jornadas: recepción por la mañana, clase, almuerzo en el comedor, clase de tarde, permanencia vespertina hasta que pasan a recogerles. A las madres profesionales no les queda normalmente ninguna otra posibilidad, pero esos días tan llenos de ruido, de actividades, de gente, son extenuantes a los dos años.

■ Sin embargo, la atención infantil ha mejorado mucho en estos últimos años. Las escuelas han incorporado **estructuras especialmente pensadas para los más pequeños**, más próximas al jardín de infancia que a un colegio propiamente dicho.

Cada niño tiene su cama, donde puede dormir a su antojo y dejar sus «mascotas». Juega en talleres sin estar sujeto a una disciplina real. Puede esparcirse físicamente. Las maestras de estas clases son vocacionales y hacen gala de una paciencia, una ternura y una sensibilidad que suscitan la admiración de los padres y el cariño de los chiquillos.

Por lo tanto, la integración de un niño de dos años al parvulario dependerá en gran parte de la infraestructura y de las opciones pedagógicas de la escuela, así como del carácter de la maestra.

■ Finalmente, digamos que lo que cuenta no es tanto la edad del niño como su **grado de desarrollo**. Si es demasiado inmaduro se sentirá perdido y, en su desgracia, se construirá una imagen negativa de la escuela. Por el contrario, si está a punto se adaptará bien y evolucionará muy deprisa entre los dos y los tres años. La escuela le proporcionará espléndidas oportunidades de relacionarse, de descubrir, de jugar, de reír a mandíbula batiente, de divertirse, de perfeccionar el lenguaje y la autonomía, que seguramente no habría tenido encerrado en casa. Junto a otros críos de su edad se sentirá más motivado para imitar, recrear, inventar. Se edificará una personalidad cuyos efectos podrá comprobar en terceras personas.

► Por consiguiente, si su única alternativa es meter a su hijo en la escuela el próximo curso, no tenga remordimientos. **Prepárele concienzudamente**, inspírele confianza, tranquilícele, y **concédale un período de adaptación** en el que haga estancias cortas (quince días a media jornada suelen facilitar mucho las cosas).

Sepa, para terminar, que las estadísticas son concluyentes: cuantos más años de parvulario ha hecho un niño, más probabilidades tiene su **futura escolaridad** de prosperar sin contratiempos. Esta interrelación existe en todas las clases socioculturales, pero resulta aún más neta si se sitúa en los ambientes muy modestos o poco estimulantes.

EL NIÑO DE 30 A 32 MESES

¿QUIÉN ES EL NIÑO DE 30 A 32 MESES?

LA PERSONALIDAD

A los dos años y medio, un niño va generalmente limpio de día, pero algunos aún tardarán un tiempo en controlar sus esfínteres sin que eso denote problemas de ninguna índole. Cada uno tiene su ritmo, y no hay más que hablar. **El que está adelantado en un terreno suele llevar más retraso en otro**, y casi todos acaban por nivelarse. En cuanto a la continencia nocturna, o ya la ha adquirido o llegará por sí misma, cuando su grado de madurez haya avanzado un poco más.

A esta edad, el niño tiene la **convicción de ser una auténtica persona** y ya no necesita proclamarlo a cada instante. Sabe quién es y se autodesigna por su nombre.

Si todavía comete muchos desmanes, no acostumbra a ser por provocación, sino por ignorancia o por torpeza. Como apunta la sabiduría popular, **tan sólo el que poco hace poco yerra**, lo cual no es el caso de un niño de dos años y medio, que se mantiene incesantemente ocupado. Tanto es así, que por su gusto prescindiría de la siesta del mediodía. No siempre actúa, ni muchísimo menos, como querrían los adultos, pero derrocha tal energía y tal imaginación que se sienten demasiado orgullosos de él para enfadarse.

El niño de dos años y medio se hace *mayor* a ojos vistas. Incluso su cuerpo se transforma: pierde las proporciones y la redondez del bebé, **se estira y se estiliza**. De mes en mes vemos evolucionar su morfología. El carácter también se perfila mejor, y nos formamos una idea más exacta del **temperamento** de cada uno. Distinguimos al intrépido del tímido, al emprendedor del parlanchín, al pendenciero, al creativo, al sensible...

Su **curiosidad**, unida a la **vitalidad** y al **afán de independencia**, hacen que en esta época no sea nada insólito perder a nuestro hijo entre la multitud, por la calle o en una tienda. ¡Aprovechan tan hábilmente un momento de descuido para soltarse de la mano y lanzarse a la aventura!

Así pues, hay que extremar la vigilancia cuando se lleva a un niño de esta edad a algún sitio público. Pondremos especial celo en los parques de atracciones, los centros comerciales y las tiendas en épocas festivas (regalos, luminarias y papás Noël le resultan muy atractivos).

EL DESARROLLO FÍSICO

El niño conoce bien su cuerpo. Puede nombrar las partes esenciales y sabe para qué le capacita cada una. Lleno de vigor, corre, salta con los pies juntos, baila, vuelve a correr, se detiene bruscamente y empieza otra vez.

La coordinación entre la mano y los ojos es ahora mucho mejor: para montar un rompecabezas ya no va a tientas como antes, sino que mira las formas que hay que llenar, estudia las piezas disponibles y casi siempre escoge la correcta de entrada. No se emperra con todas sus fuerzas en hacerla encajar del revés.

Sostiene el lápiz igual que un adulto, lo que le ayuda a progresar en sus producciones gráficas. Le gusta enroscar y aflojar, pero, sobre todo, le apasiona usar su sentido del tacto. El conocimiento que en etapas anteriores pasaba por la boca ahora lo obtiene directamente con la mano. **Desarrolla así una sensibilidad táctil**, y es bueno, siempre que sea posible, dejarle tocar. Le atrae particularmente lo que es suave (cabello, pieles, peluches).

EL LENGUAJE

La pronunciación del niño en esta edad se ha pulido bastante, aunque **no domina aún todas las consonantes.** Algunos sonidos pueden ser especialmente difíciles de pronunciar, como «z», «s», «ch», «f» o «r», y muchos pequeños habrán de practicar uno o dos años antes de conseguirlo.

Ciertas palabras tienen todavía **sentidos múltiples.** Así, quizá todas las mujeres reciban el título de «mamá», y los otros niños de su edad o más jóvenes el de «bebé».

En contrapartida, el pequeño conoce ya **diversas canciones** que es capaz de interpretar o escenificar, y tiene la facultad de obedecer tres instrucciones dadas de manera simultánea, como por ejemplo: *«Ve a la cocina, coge el trapo que hay encima de la mesa y tráemelo, por favor.»*

LA SOCIABILIDAD

Frente a los amigos de su edad, el niño de dos años y medio ofrece más colaboración y más tolerancia que unos meses atrás. **Empieza a organizar juegos** elementales. Se forman grupitos de dos o tres, en los que todos quieren ser el cabecilla y decidir por los demás. No obstante, duran más bien poco y las disputas verbales o las agresiones físicas son todavía frecuentes.

El niño que zarandea a un compañero encuentra en cambio intolerable que le «atropellen» a él. Eso significa, simplemente, que **es incapaz aún de ponerse en el lugar del prójimo**. No entraña ninguna maldad, y su conducta se corregirá en los años venideros. Hay muchos adultos que, a pesar de su edad, no se aplican todavía aquel famoso principio de trata a los demás como querrías ser tratado. ¡No exijamos a nuestros hijos que sean mejores que nosotros!

JUEGOS Y JUGUETES

A los juegos de los períodos precedentes se pueden añadir los **instrumentos de música rítmica** (mucho más pedagógicos que los pianos y las guitarras en miniatura, que tienen una sonoridad falsa).

También se puede confiar al niño un **tocadiscos** (del tipo «tragadiscos») o **un lector de casetes**, cuyo mecanismo sabrá entender muy pronto. Así escuchará él solo sus canciones o sus cuentos preferidos.

▪ Para los juegos de imitación, le gustará utilizar un **maletín de médico** (añada algodón y déle vendas o esparadrapo de verdad: le hará feliz).

▪ Poniendo a su libre disposición **una buena cantidad de material no estructurado** (retales de tela, cartones de embalaje, papel y lápices de colores o «plastidecor», tijeras, pizarra y tiza, pasta de modelar), le permitiremos desarrollar su imaginación y distraerse durante horas, muchas más que con los juguetes cuya utilización concreta ha sido concebida por el fabricante.

▪ Puesto que empieza a asimilar las reglas, el niño de dos años y medio tiene ya la capacidad de practicar debidamente **juegos de sociedad muy sencillos**, como la lotería de imágenes o un gran dominó.

▪ Finalmente, siempre está contento y extrae el máximo provecho de los juegos de exterior: estructuras complejas o tablas suecas para niños pequeños.

LAS DISCUSIONES ENTRE HERMANOS

Al engendrar un segundo hijo, y luego el tercero, usted tenía tal vez en las mientes una imagen ideal de la familia: todo el mundo se entendería bien, se apoyaría, y no habría quiebras en su armonía. Y ahora se enfrenta a la historia contraria: peleas, disputas sin tregua e incluso violencia.

Le ha dado al primogénito un compañero de juegos, y cuando los junta parece que quieran eclipsar a Caín y Abel. Por supuesto, le cuesta trabajo soportar tantas broncas: el ambiente es tenso, y por causa de sus hijos tiene que vivir atrapado en conflictos sin fin. ¿Pero es que acaso se le ha olvidado completamente su primera infancia?

Digamos las cosas con claridad. **Las disidencias entre hermanos son inevitables; constituyen incluso uno de los componentes principales** de la fraternidad. Desde que nace el segundo, se inicia la competición. El mayor siente celos del pequeño, a quien se le exige menos. Y el menor está celoso del otro porque tiene más poder y más derechos. Finalmente, cada uno quiere acaparar él solo todo el cariño de los padres, o como mínimo una parte sustancial. Para cualquier miembro de la prole, un niño más equivale automáticamente a menos amor, menos tiempo y menos atenciones paternas.

Una dosis de rivalidad, y por lo tanto de conflictos, es pues ineludible. Hay que mentalizarse. Dígase que, bien canalizada, **forma el carácter** del niño y le ayuda a desenvolverse en sociedad. También le enseña qué son el intercambio, la negociación, la generosidad, la agudeza. A fin de cuentas, en la vida nadie lo tiene «todo» en exclusiva, y sus hijos deberán aprenderlo un día u otro.

Queda por **definir cuál es el nivel aceptable** de este antagonismo. Aquí, creo que los padres tienen mucha parte de la responsabilidad. Según el modo en que intervengan y enjuicien a cada niño, o bien alentarán involuntariamente las discusiones, o bien les enseñarán a resolverlas prontamente y después a evitarlas. Según su comportamiento educativo, azuzarán las enemistades o las atenuarán, facilitando a sus hijos el aprendizaje de unas buenas relaciones interpersonales.

A continuación se describen algunos ejemplos de actitudes paternas que ejercen un efecto directo en el grado de rivalidad de sus niños.

COMPORTAMIENTOS QUE EXCITAN LA RIVALIDAD

- En su condición de adulto, está convencido de que la vida es un inmenso campo de batalla donde, hostigados por reyertas permanentes, sólo sobreviven los más fuertes y los más aguerridos. Por esta razón, vive las disputas de sus hijos como un entrenamiento eficaz, y siempre indispensable, para lo que les espera en la madurez.

- Cree que los hermanos de ambos sexos tienen que quererse y respaldarse mutuamente por encima de todo. Cualquier manifestación de un sentimiento hostil entre ellos le descompone y le parece antinatural. Corta inmediatamente el menor altercado para «obligarles» a entenderse.

- Tiene una marcada preferencia por uno de sus hijos y le dispensa, en consecuencia, un trato de favor.

- Como los quiere a todos igual, procura darles siempre estrictamente lo mismo: el mismo tiempo de dedicación, la misma porción de pastel, el mismo número de regalos en Navidad, etc. Opina que tener en cuenta sus necesidades individuales sería abrir la puerta a la injusticia.

■ Compara a sus hijos con objeto de convertir a uno en modelo, positivo o negativo, del otro. Pronuncia frases como: *«Tu hermano a tu edad nunca habría armado tamaña pataleta»*; *«Ella a los dos años ya no usaba pañales»*; *«Mira qué obedientemente va a lavarse Pablo; no monta escándalos como los tuyos»*; *«Con tu hermana es un calvario ir en coche, ¡me alegro de que tú te portes tan bien!»*; *«Por lo menos hay alguien aquí que guarda sus juguetes»*.

■ La emprende de un modo sistemático contra el que ataca o pega (casi siempre el mayor al pequeño). Le regaña a él exclusivamente, sin ocuparse del atacado ni de los motivos que han empujado al agresor a actuar como lo ha hecho.

■ Usted mismo tiene continuas desavenencias con su cónyuge, su jefe, los vecinos o los niños. Las fricciones y los conflictos son un elemento clave del entorno familiar.

COMPORTAMIENTOS QUE ATENÚAN LA RIVALIDAD

■ Como padre responsable, se preocupa de las relaciones fraternas **desde la más tierna edad** de sus hijos: intenta enseñarles ya muy jóvenes a compartir, a prestar, a solventar sus diferencias y a respetarse. No espera hasta que crezcan, confiando que el asunto se arreglará por sí solo.

■ **Admite que los niños experimenten sentimientos negativos** frente a sus hermanos, e incluso frente a usted.

En última instancia les ayuda a manifestarlos: *«Ya veo lo furioso que estás contra tu hermana porque ha derribado tu torre»*; *«Tengo la impresión de que me miras resentido cuando ayudo a Laura a hacer los deberes. Posiblemente preferirías que pasara todo ese tiempo jugando contigo»*.

▪ Evita dar o quitar la razón a dos críos que riñen. En lugar de tomar partido, **corrobora** la situación: *«Veo a un par de niños muy enfadados entre sí; quizá deberían hacer un breve paréntesis para recobrar la calma.»*

▪ Prohíbe a rajatabla la violencia física, pero **permite que la agresividad se exprese** de una manera que no lastime a nadie, por ejemplo verbalmente. Si dos niños se pegan, los separa. Pero si llega después de la trifulca (*«Mamá, Kevin me ha dado un puntapié»*), se limita a examinar el moretón en la pierna, sin reprender al causante.

▪ **No encasilla a uno de sus hijos en el papel del agresor**, del «malo», y al otro en el de la víctima que debe ser protegida. Sabe que estas cuestiones son siempre más sutiles de lo que parecen y que así podría condicionar futuros comportamientos.

▪ Define **reglas de conducta** que luego se encarga de aplicar escrupulosamente. Por ejemplo: *«Cada uno ordena sus juguetes»*; *«Un juguete prestado tiene que devolverse»*; *«Está prohibido hacerse daño»*; *«No se toca lo que hay en la alacena sin permiso»*; *«No se entra en la habitación de María cuando ella no está»*. Con el tiempo, la constancia en las actitudes paternas siempre es recompensada y los niños acaban por acatar todas las normas.

▪ Se toma la molestia de explicar a sus hijos las **ventajas de compartir e intercambiar**. No tardarán en comprender que de ese modo tienen acceso al doble de objetos.

Les explica asimismo lo que pasa por la mente del otro, instándoles a ponerse «en su lugar». Eso sólo es factible si, mientras los niños son pequeños, les dedica mucho tiempo, para ayudarles a que exterioricen sus quejas y a encontrar una solución a gusto de todos.

- *No presta excesiva atención a los chismes ni recados que le da un niño*, excepto, obviamente, si se trata de una situación peligrosa en la que debe intervenir.

No auspicia tal comportamiento, ni asigna a uno de sus hijos la responsabilidad de vigilar a un hermano que es apenas menor que él.

- Les propone **tareas que pueden realizar en común**, con vistas a desarrollar su espíritu de cooperación y no sólo la animosidad.

- Respeta **la individualidad y el carácter** de sus hijos. Todos los niños son diferentes, y sabe dar a cada uno lo que necesita. Así se ratifican en el hecho de que son únicos para usted y que les quiere sin reservas, tal como son. Emplea frases del tipo: *«Sé muy bien cuánto te pesa hacerlo»*, o *«Con lo impaciente que eres, comprendo que te fastidie esperar»*. Cada niño se siente especial y comprendido por el adulto. Gracias a esta seguridad afectiva, se reduce su ansia de aplastar al hermano rival.

LOS DEFECTOS DE PRONUNCIACIÓN

Algunos padres se preocupan porque su hijo «se come» ciertos sonidos, y cambia y confunde otros («seresa», «pacana» por «campana»), haciendo muchas palabras totalmente ininteligibles.

Hay que saber que una pronunciación un poco desvirtuada es normal a esta edad. **Sería superfluo, por no decir nefasto, corregir al niño sistemáticamente**, aunque sea con las mejores intenciones. Si pronuncia así es porque, al menos de momento, no puede hacerlo mejor. Será desastroso mofarse o imitarle entre risas.

No se debe olvidar que **el lenguaje es un medio de comunicación puesto al servicio del intercambio** y no del adiestramiento: lo que expresa el niño es más importante que la manera en que lo dice. Si interrumpe a su hijo una y otra vez para hacerle repetir un término mal pronunciado, tendrá la sensación de que no le interesa nada lo que le está explicando, y no le faltará razón. Censurar la forma de sus palabras podría desanimarle duraderamente sobre el fondo.

Un aprendizaje en formación es todavía frágil y susceptible. Si el niño cree que habla «mal», puede perder el deseo y el placer de expresarse libremente. Su lenguaje progresará menos y eso redundará en un resultado inverso al que se buscaba.

► Cortar continuamente el discurso de un niño es una actitud que delata un desconocimiento craso de cómo se aprende a hablar. Corregir los defectos de pronunciación de un niño que empieza a formar frases es absolutamente inútil y no hará más que desmoralizarle.

Si oye bien, la diferencia entre lo que escucha y lo que dice no es una falta que pueda enmendarse, sino una torpeza de la lengua, una **inmadurez del sistema** fonético o una imposibilidad temporal de articular. Nadie influye en estos órganos de la noche a la mañana.

En la mayoría de los casos, **la dicción mejorará por sí misma en el transcurso del siguiente año**, con la práctica y la maduración fisiológica. Si no fuese así, siempre hay tiempo, durante el quinto año de vida, de realizar un chequeo con un especialista en logopedia.

▶ ¿Qué debemos hacer? En primer lugar, **hablar correctamente** delante del niño. Luego conversaremos **con él**, ofreciéndole abundantes oportunidades de expresarse sin trabas. ¿Que comete un error? Bastará con utilizar la buena pronunciación en la respuesta.

Mejor que la insistencia, un diálogo abierto y simpático le inspirará paulatinamente el amor por las palabras y el sentido de la corrección formal.

LOS VIAJES EN COCHE

«Papá, ¿cuándo llegaremos?», suspira una vocecita en la parte trasera del coche en el instante en que salimos del cinturón de ronda... Y pensamos con nerviosismo que nos quedan ochocientos kilómetros por recorrer, sin hablar del calor y de los embotellamientos.

Tener a los hijos entretenidos durante los trayectos largos en automóvil debe ser una de las principales preocupaciones de los padres, después de la seguridad y de la intendencia. Pasemos pues somera revista a estos tres puntos.

LA SEGURIDAD

Un niño de treinta meses tiene que viajar obligatoriamente en una **sillita** homologada, luego en un **asiento elevado**, y llevar bien ajustado su **cinturón de seguridad**. Hay que ser muy intransigente a este respecto. Huelga decir que el pequeño lo aceptará de mejor grado si nosotros le damos ejemplo.

En la actualidad todavía se ven, a pesar de las campañas informativas y de las prohibiciones, demasiados niños que viajan sentados en el asiento delantero, o en el de atrás pero en la falda de un adulto, o simplemente sin cinturón. Cuando se conocen los riesgos inherentes, la cantidad de niños que todos los años sufren lesiones e incluso la muerte en las carreteras, o la magnitud del impacto, en caso de choque, de un cráneo infantil contra el parabrisas, comprendemos que estas conductas negligentes son inadmisibles. Y son además, desde hace un tiempo, contrarias a la ley.

Para la seguridad del niño, se recomienda asimismo:

- **Bloquear los seguros de las portezuelas** traseras del vehículo, de tal manera que no pueda abrirlas desde el interior.

- **No depositar objetos pesados ni cortantes en la bandeja**.

- **No bajar mucho las ventanillas de atrás** para que no tenga la posibilidad de sacar los brazos.

- **Encerrar a los animales** en una jaula especial o aislarles del conductor con una red.

- **Hacer paradas regulares** en las que todos puedan relajarse y desentumecer las piernas.

LA INTENDENCIA

El trayecto discurrirá sin novedad si se prepara adecuadamente. Hay quien prefiere circular de noche, para que los niños duerman y haya menos tránsito en la carretera. Sea cual sea la opción elegida, es importante estudiar la mejor hora de salida y los puntos de escala.

- Entre las provisiones y accesorios para la ruta, no hay que olvidar los pañales si son necesarios, agua fresca en una botella isotérmica, pañuelos de papel, bolsas de plástico, alimentos fáciles de picar (queso en porciones, fruta cortada en pedacitos, frutos secos, galletas, etc.).

- Si hay curvas, cuidado con las náuseas: no todos los niños avisan. En el caso de prever esperas prolongadas dentro del coche, tome medidas para combatir una congestión por el calor o, a la inversa, los efectos del frío:

CÓMO ENTRETENER AL NIÑO

De día, el problema esencial para un niño de esta edad es tener que pasar varias horas inmóvil. El adulto puede ayudarle, una vez más, a condición de que sea precavido. Le sugiero algunas ideas.

■ Permita que su hijo **lleve en el viaje sus juguetes favoritos**. Cuidado: si el conductor va solo en el coche con el pequeño, habría que pensar en atarlos (incluida la «mascota») a una cuerda fijada en su asiento para que pueda izarlos solo cuando se le caigan.

■ Tenga a mano **casetes de tonadillas infantiles y de cuentos**. Escoja preferentemente los que el crío ya conoce y le hará gracia volver a escuchar.

■ Si se le ha ocurrido coger **su propia almohada**, el niño aceptará más fácilmente la sugerencia de una siestecita.

■ Acuérdese de incluir **juguetes pequeños y bien embalados para ofrecérselos de uno en uno**. También son prácticos, si le gustan, un **grueso catálogo** que hojear, una **muñeca** o todo aquello que pueda renovar su interés.

■ Aproveche ese tiempo que pasan «enlatados» juntos para **charlar, jugar** con su hijo e interesarle por lo que ve. Son innumerables los juegos de palabras, las actividades instructivas y los descubrimientos que pueden hacerse durante un viaje en automóvil. Sería una pena limitarse a decirle: «*Cuenta todos los coches blancos que se crucen con nosotros.*»

UNA ACTIVIDAD INSTRUCTIVA

Las bases son las siguientes:

- **Se parte siempre de las vivencias del niño** y se utilizan ejemplos concretos, extraídos el entorno inmediato, para ilustrar los aprendizajes.

- Se formulan una serie de preguntas presentadas como **un juego nuevo y divertido, en forma de adivinanza**. Si queremos «animarlo», podemos estipular que un determinado número de respuestas acertadas dará derecho a un premio.

Las nociones de situación en el espacio (encima, al lado, detrás, cerca) pueden trabajarse con acertijos como: «*Busca un coche que se aleje y otro que se acerque*»; «*¿Ese camión está delante o detrás de nosotros?*»; «*Pon la muñeca entre la portezuela y tú*», o bien «*Sienta la muñeca en el cojín*».

Del mismo modo, y según el nivel y los gustos del pequeño, se le puede preguntar: «*¿De qué color son las vacas de ese prado?*»; «*¿Cómo se llama el hijo de la vaca?*»; «*¿Qué alimento dan las vacas?*»; «*¿Qué se hace con la leche?*»: «*¿Cuál es el contrario de alto?*»; «*Cita un nombre de flor, de pájaro, de árbol...*»

Todas estas preguntas mantienen ocupado al niño durante los desplazamientos. Está contento de jugar con sus padres, y ellos encuentran una buena ocasión de interesarle por todo lo que le rodea. El tiempo pasa más deprisa, aprende a mirar y acrecienta su vocabulario.

¡VIVA LA FIESTA!

Sólo hay un cumpleaños por año, una Navidad... ¿Qué ocurre entretanto? Es la espera, el día a día, siempre monótono y nada emocionante. A diferencia de nosotros, **a los niños pequeños el tiempo les parece muy largo**. Las fiestas en las que ellos participan son demasiado escasas, demasiado esperadas, demasiado preparadas también. El día «H» pasa muy aprisa cuando llevamos meses aguardando que llegue.

A los pequeños les encantan las fiestas, todas las fiestas, puesto que rompen la rutina. También les gustan las **sorpresas**, tanto darlas como recibirlas. Pero el carácter repetitivo de los usos del tiempo, la fatiga al volver del trabajo y la fuerza de las costumbres no favorecen una atmósfera festiva y jovial en el hogar. A este respecto son los niños, con sus regalos, sus dibujos y su alegría de vivir quienes nos marcan el camino. ¿Por qué no cambiar e inventar la «fiesta de lo cotidiano»?

Tomarse la vida festivamente no representa un superávit de trabajo, de gasto ni de tiempo. Es antes que nada un estado de ánimo. Es transformar la mirada para aprender a **percibir todas las ocasiones de sorpresa, de bienestar o de complicidad compartida** con los hijos. Esas ocasiones no faltan: el cumpleaños del gato, el primer día de vacaciones, la llegada de la primavera, la visita de la abuela, un nuevo diente, los dos años y medio, y así hasta el infinito.

■ **Cualquier momento es bueno.** Por la noche, se precisa poco tiempo para descongelar una tarta, disfrazarse, anudar una cinta alrededor de una bonita carta de «restaurante», decorar la mesa con algunas velas o envolver tres caramelos en papel de plata. El domingo por la mañana se puede hacer del desayuno familiar (o el *brunch* americano que empieza a imponerse) un auténtico festín que sucederá al reencuentro y los mimos en la cama paterna.

■ Para los niños, la fiesta es sobre todo un **ambiente hecho de ligereza y de situaciones que se salen de lo corriente**. ¿Le cuesta mucho que coma su hijo? Innove.

Propóngale hacer un picnic en el parque, una comida al revés (empezando por el postre), una pizza casera, una fondue de chocolate donde sumerjan pedacitos de fruta, una merienda-cena a base de crêpes saladas y dulces.

Pruebe a darle comidas compuestas por viandas exclusivamente amarillas (maíz, puré, huevo, plátano), blancas (corazones de palmito, pechuga de pollo con patata al horno, yogur) o rosadas (rábano, salmón, puré de remolacha y patata, jarabe de grosella).

Para adornar la mesa, haga participar al niño: puede colocar una preciosa vajilla de cartón, con florecillas recogidas en el jardín, y también dibujar una carta para cada uno.

■ La fiesta, para un niño, significa además **poder hacer lo que tiene prohibido normalmente**. Un ejemplo sería saltar en la cama de sus padres, o bien que le autoricen a acostarse tarde o a comer con los dedos.

Otro aliciente consiste en **convertirse en quien no se es habitualmente**. De ahí el interés de los críos por el maquillaje y el disfraz. Un día, a título excepcional, se le puede dar libre acceso al guardarropa de los adultos y dejarle que se caracterice de «papá y mamá»: la risa está garantizada. Un domingo cualquiera decidiremos que toda la familia debe vestirse de rojo, o bien con ropa ajena.

■ ¿Cómo amenizar el baño? Ofrezca al pequeño una colección de jabones de todas las formas y colores y déjele elegir el champú, las sales de baño o el talco. ¿Acaba de comprarle un par de calcetines? Póngalos en un vistoso papel de envolver y déselos como obsequio. ¿Ha venido un amiguito a jugar? Invítele a pasar la noche en su casa. ¿Su hijo no quiere ir a la cama? Monte la tienda en un rincón de su cuarto y permítale dormir en ella, bien arropado en un saco.

Ideas no faltan. Si sus padres son receptivos y abiertos, a los niños jamás les falla la imaginación. Les gusta preparar y tomar parte en las diversiones, ilusionándose con la sorpresa ajena y su propio disfrute.

Las fiestas cotidianas son esencialmente ratos para estar bien juntos, ratos sin conflictos en los que importa dar satisfacción a los demás.

Lo fundamental reside aquí, en esa jovialidad cómplice que une a la familia, fortalece a los niños y fomenta en ellos la convicción de que vivir es un placer.

LAS REGLAS DE CORTESÍA

Para la inmensa mayoría de los padres, la urbanidad se basa en fórmulas como *«hola»*, *«adiós»*, *«por favor»* y *«gracias»*. Estas cuatro palabritas mágicas que designan al niño «bien educado» nos vienen a los labios tan naturalmente, de un modo casi mecánico, que nos cuesta mucho admitir el hecho de que ellos suelen olvidarlas.

Sin embargo, no será porque no les hayamos repetido cien veces: *«Dile 'gracias' a mamá»*, *«Despídete de esta señora»*... Desde luego que no. ¡Y pensar que aprenden un montón de cosas con una facilidad increíble! ¿No habrá una parte de mala voluntad? Cada día nos agotamos insistiendo en lo mismo y todos nuestros esfuerzos parecen ser en vano: uno acaba por poner al niño en tela de jucio.

Consuélese: todos los pequeños son así. La fase de aprendizaje de las normas de cortesía dura años. Sí, **años de repeticiones y de esperar que se cumplan las mismas exigencias**. Hasta los seis o los siete años no empezarán a dar fruto esta clase de enseñanzas: entonces comprende cuál es su finalidad. Mas para que un niño de siete años sea educado, o meramente para que se conduzca con propiedad, tenemos que haber comenzado mucho antes, casi desde la cuna.

Su hijo de treinta meses no tiene edad de memorizar los códigos sociales. **No entiende su utilidad ni siente la necesidad de usarlos**. ¿Por qué ha de dar los buenos días a gente que no conoce? Para saludar a quienes quiere, dispone de otros medios: grita, corre, va a buscar un juguete y luego lo enseña, o bien integra al otro en una actividad común en el siguiente encuentro, lo cual es una manera de reconocerle y de abolir la ausencia. Y además, ¿por qué va a decir «adiós» si no tiene ningunas ganas de irse? Él no estaba a punto, no había decidido la marcha. No besará nunca espontáneamente en un momento de enfado.

El *«por favor»* y el *«gracias»* se adoptan más rápidamente, aunque el niño no vea su propósito inmediato. Expresar su deseo le parece suficiente; ¿por qué ponerle latiguillos que no sirven para nada?

▶ En nuestra calidad de padres, podemos explicar, pero **no exigir demasiado** del niño. La perfección no es un atributo de su edad, así que sería absurdo exasperarse si las buenas costumbres tardan aún en tomar cuerpo. Lo esencial en esta etapa es hacerle comprender que se trata de un trámite obligatorio si quiere dar gusto a sus mayores o conseguir lo que desea.

Veamos algunas normas que nos ayudarán a adoptar una actitud coherente:

■ El aprendizaje de la cortesía, para que fructifique, debe **iniciarse muy tempranamente y proseguir sin descanso**. A la edad de su hijo, puede regañarle ya si no dice *«por favor»*, o bien informarle con su mejor sonrisa de que su oído sólo captará las peticiones que estén bien formuladas. Un poco de humor nunca perjudica la educación y nos impide tomarnos los olvidos demasiado en serio.

■ **Los castigos o las amenazas son reacciones excesivas en este apartado.** A un niño que rehúsa decirnos «hola» y que esconde la cara entre las faldas de su madre, se le puede señalar sencillamente: *«Es una lástima que no quieras saludarme, sería muy grato. Pero ¡qué se le va a hacer! Dejémoslo para mañana.»*

■ **La urbanidad se aprende con el ejemplo**. Si pretende que su hijo sea educado, empiece por tratarle deferentemente a él. En lugar de «*Ven aquí*», se le puede decir: «*¿Quieres venir un minuto, por favor?*» No hay que dejar de darle los buenos días todas las mañanas ni de desearle «buen provecho» cuando se sienta a la mesa.

Muchos adultos, si se encuentran con un niño acompañado de sus padres, ni siquiera le dirigen un saludo; es aquí, en ese respecto, donde empieza el mal.

Por otra parte, el pequeño es sensible a las muestras de educación que tienen con él, pero también a las que se dispensan los adultos entre sí. Es difícil pedirle a un niño que sea más amable si nosotros abucheamos al cónyuge, criticamos a los vecinos o cruzamos la calle para no tener que saludar a un compañero del despacho.

El aprendizaje de la cortesía no es continuo. Hay períodos de oposición sistemática que parecen ponerlo todo en cuarentena, aunque en el fondo no sea así. Nos enteramos, a menudo por casualidad, de que nuestro hijo se comporta más educadamente en casa ajena que en la propia, lo que constituye un buen síntoma (conoce los códigos aunque no siempre los aplique).

Ciertos padres pueden pensar que la urbanidad es algo anticuado, un código estéril e hipócrita, y que es prematuro importunar a su pequeño con esas bobadas. Cada uno, por supuesto, educa a sus hijos conforme a su experiencia y sus criterios. No obstante, habría que procurar que el niño, ya mayor, no vaya a adolecer de una ignorancia de las normas que rigen la vida social.

EL BESO

Tan favorable como soy a enseñar a los niños a decir «*hola*» y «*adiós*», me indigno cada vez que veo a una criatura obligada a besar.

Los besos satisfacen a los adultos mucho más que a los niños. La educación exige que se digan unas fórmulas de acogida y separación, pero no impone alardes de afectividad que no se sienten. ¿Qué adulto no tiene el recuerdo desagradable de un beso mojado o punzante, recibido sin previo ofrecimiento? No es de extrañar que los niños, más tarde, no quieran besar a nadie nunca más.

El beso es una demostración de afecto que se ofrece de un modo espontáneo, lo que excluye coacciones e imposiciones. No digamos nunca a un niño pequeño, con una expresión falsamente compungida: *«¿No vas a darme un besito?»*. Si lo hace será para obedecer, contradiciendo sus sentimientos reales. ¡No robemos toda su significación a este impulso amoroso!

PESADILLAS Y TERRORES NOCTURNOS

Entre los dos y los siete años, los malos sueños perturban de vez en cuando el sueño de los niños. Puede ocurrir que se despierten y nos llamen, pero también cabe la posibilidad de que sollocen y griten dormidos, luego se calmen y enlacen con otro ciclo de sueño.

Estos sueños agobiantes pueden presentarse bajo dos versiones, de gravedad diferente: si la pesadilla desencadena una ansiedad que se resuelve enseguida frente a la realidad, los terrores nocturnos, en cambio, evidencian una verdadera angustia.

LAS PESADILLAS

Las pesadillas son frecuentes en ciertos períodos de la vida del niño y, mientras no reincidan varias veces por noche, **no deben suscitar una inquietud** particular. El pequeño que ha tenido una pesadilla suele despertarse abruptamente, presa del miedo. Reclama o va a buscar a sus padres, aunque, como decíamos, también es posible que llore sin llegar a espabilarse. Algunos niños pueden contar su sueño, otros no: lo han olvidado. Arrullado por los padres, el pequeño se tranquiliza fácilmente y continúa descansando normalmente.

La causa de las pesadillas debe buscarse en los **conflictos internos**, básicamente inconscientes, que un niño puede vivir con igual rigor que cualquier otro ser humano. Algunas ideas, en las que subyace un sentido de culpabilidad, resurgen en forma de un peligro que amenaza al pequeño. Todo es normal: el niño crece y su psique se constituye, se hace más compleja. Ninguna vida superior está exenta de dramas internos ni de congojas.

Otros acontecimientos, más coyunturales, pueden propiciar las pesadillas en determinadas épocas: una **exigencia paterna demasiado grande, una experiencia reciente** que se ha vivido mal o una **molestia física** (calor, dificultad para respirar).

LOS TERRORES NOCTURNOS

Son una forma más inusitada, y también más grave, de pesadillas. El niño se incorpora del lecho completamente enloquecido. Chilla, llora, y parece estar aterrorizado por fantasmas que sólo él puede ver. Aunque tenga los ojos abiertos, continúa dormido, pero forcejea y no da señales de reconocer a sus seres queridos. Al cabo de unos minutos que se hacen eternos para los padres, impotentes frente a este paroxismo de angustia, el niño vuelve a dormirse plácidamente. Al día siguiente no guarda ningún recuerdo de su crisis.

Ese tipo de pesadillas, sobre todo si se repiten constantemente y si otras actitudes diurnas delatan asimismo un estado de ansiedad, **traducen un auténtico problema** contra el que el niño se está debatiendo. Es importante tratar de averiguar el factor traumatizante que ha podido ser la causa de sus terrores, y no dejar que los afronte solo. Un pediatra o un psicólogo le guiarán en su búsqueda. Juntos llegarán a esclarecer qué zozobras agitan a su hijo, y es entonces cuando podrán ayudarle a deshacerse de ellas.

¿QUÉ HACER FRENTE A LAS PESADILLAS?

- Si las pesadillas son pertinaces o muy brutales, es durante el día cuando hay que hablar con el niño e intentar comprender qué le trastorna actualmente. **Corroborarle nuestro cariño y nuestra confianza** puede ayudarle a vivir noches más tranquilas.

- En el momento mismo de la pesadilla, es evidente que debemos **levantarnos e ir a verle**. Encender una luz en el pasillo a fin de disipar las visiones de la noche, apretar la mano del niño, hablarle en susurros hasta devolverle a la realidad, darle a beber un poco de agua fría y por último cantarle una nana, son en general comportamientos sedantes que bastarán para que el pequeño concilie un sueño ahora reparador.

- A la mañana siguiente podemos, si aún la recuerda, **pedirle que nos cuente su pesadilla**. Desahogarse con palabras, a plena luz del sol, tendrá sin duda un efecto beneficioso.

- En el caso de los terrores nocturnos, hay que ir más lejos y **consultar la opinión de un especialista**. Pero bajo ningún pretexto trataremos de solucionar el problema acogiendo al niño en nuestra cama, dándole un jarabe calmante o burlándonos de sus miedos infundados. Por la noche, esos miedos parecen muy reales y forman parte de las vivencias amargas de la infancia que perviven en la memoria toda la vida.

EL LENGUAJE: JUEGO Y POESÍA

Jugar con las palabras es uno de los mayores placeres del niño de esta edad. Pero es también una actividad importante, pues contribuye a desarrollar su gusto por la expresión y el lenguaje, lo cual le será muy útil cuando aborde la lectura y la escritura.

Aunque ahora sea un poeta natural y cautive a toda la familia con sus **invenciones verbales**, su interés por la voz, los ritmos y las sonoridades se remonta a la más tierna infancia.

En aquella época, era sensible ya a las **melodías**, a la voz que cantaba y al balanceo que las acompañaba. Más adelante, las **tonadillas** «escenificadas» han desempeñado un papel capital. Poco importa que su sentido sea algo inconexo siempre que jueguen con palabras divertidas y rimas sorprendentes.

El niño adora las palabras que acarician el oído y lo hechizan por su mera sonoridad. Llama a su muñeca «*Tigridia Pluma Corta*», a su peluche «*Topo Topín Topero*», e inventa canciones por el puro placer de manipular el lenguaje. Hace juegos de palabras sin darse cuenta y los entremezcla para adaptárselos.

▶ Los niños están tocados por la poesía: es el momento de **leérsela** o de **componerla con ellos**. Crean con la sensibilidad más que con la reflexión. No necesitan comprender para poder apreciarla. Hacen rimar sus propias palabras y saben expresar la música intrínseca.

La poesía no es para el niño una disciplina intelectual, sino algo que afecta directamente a sus sentidos y su cuerpo. «*Ron y ron, lindo minipón*» evoca fácilmente a un gato ronroneando. Por eso tantas canciones se completan con mímica gestual.

Desde los primeros balbuceos, a los niños les fascina repetir las palabras. Las pronuncian por la satisfacción de oírlas y las enlazan para divertirse. Jugar con un hijo a recrear el lenguaje, mostrarle que las palabras son como las bolas de un malabarista, es el mejor regalo que podemos hacerle.

Se pueden, junto con el pequeño, inventar vocablos que a veces perdurarán y pasarán a incorporar la jerga doméstica, o inventar también poemas y canciones. No obstante, siempre queda la alternativa de leerlos y aprenderlos de memoria.

Puede usarse, por ejemplo, el de Antonio Machado:

Campo, campo, campo.
Entre los olivos,
los cortijos blancos.
Sobre el olivar,
se vio a la lechuza
volar y volar.

LOS PRELIMINARES DEL PARVULARIO

Está decidido: su hijito del alma hará una primera incursión en la escuela el próximo mes de septiembre. Si quiere que todo vaya como una seda, para él y para usted, **se impone una preparación**.

Se dice frecuentemente que los niños que ya han sido cuidados fuera del hogar se adaptan con más facilidad. Es verdad en cierta medida: han adquirido el hábito de separarse de sus padres por las mañanas y saben que volverán a verles al final del día.

No obstante, el trato en la guardería o en casa de la niñera es muy personalizado. El niño recibe todavía atenciones maternales. Incluso aunque el golpe de la separación sea menos duro y el pequeño más autónomo, la entrada en la escuela constituirá una severa e importante prueba.

Los niños que tienen hermanos ya escolarizados suelen estar impacientes por imitarles. Se sienten muy motivados para ir al colegio y hacer lo mismo que los mayores. En cambio, un hijo único cuya madre no ejerza actividades externas o, peor todavía, aquel que deja en casa a un bebé solo con mamá, podría interpretar la experiencia negativamente, como un rechazo o una manera de librarse de él.

Más vale saberlo de antemano, porque así entenderemos mejor lo que vive el niño y le prepararemos a conciencia. Por ejemplo, es importante, siempre que sea posible, aprovechar los meses que preceden a su ingreso escolar para apuntarle en una guardería por horas. Se trata de una etapa intermedia que suavizará la transición.

■ Preparar a un hijo para ir a la escuela engloba distintas facetas. No hay que descuidar el aspecto médico. Es indispensable hacer un **examen exhaustivo de la vista y del oído** si se abriga el menor recelo.

En cuanto a las **vacunas**, no conviene esperar hasta el último minuto, ya que las reacciones pueden ser violentas. Recordemos que aunque sólo son obligatorias la triple vírica (difteria, tétanos, tos ferina) y la de la «polio», la vacuna antituberculosa y las del sarampión, la rubéola y las paperas también están altamente recomendadas.

■ La preparación psicológica requiere más tiempo, pero reviste asimismo mucha importancia. En los tres meses anteriores a su incorporación, **hay que hablar mucho con el niño, dándole una imagen positiva de la escuela**, aunque siempre realista.

Se le pueden resaltar las ventajas de tener unos compañeros de juego que muy pronto serán sus amigos. Se le mencionarán también las actividades, los descubrimientos y los nuevos aprendizajes de los que tan orgullosos vamos a sentirnos. Debemos describirle cómo va a emplear su tiempo, decirle qué días irá a la escuela, los cambios que eso aportará a su vida cotidiana, y mitigar sus inquietudes.

■ **El niño se siente mejor en el parvulario si es autónomo.** Prepararle es asimismo ayudarle a mantenerse perfectamente limpio de día y escogerle ropa fácil de quitar y de poner (pantalones de cinturilla elástica en lugar de petos, zapatos con tiras adhesivas y no cordones).

■ **Un mes o dos antes de ingresar en la escuela**, y de nuevo en los días precedentes, **es fundamental llevarle a visitarla**, para que descubra su futura aula y conozca a la maestra o puericultora.

La hora de salida, por la tarde, acostumbra a ser un buen momento: el niño puede inspeccionar todas las instalaciones con tranquilidad y las maestras están más disponibles. Gracias a la presencia de los padres, el pequeño no se siente abandonado en un espacio para él desconocido.

Este reconocimiento del terreno contribuye mucho a infundirle confianza y darle puntos de referencia en este nuevo ámbito escolar. La visión de todos los juegos presentes en la clase le incita en muchos casos a querer probarlos enseguida.

No deje tampoco de acudir a la **reunión de padres** que organizará la directora poco antes de la apertura.

■ **La última semana, es bueno acostar y levantar al niño según los horarios que tendrá próximamente.** Así adoptará la costumbre, si no lo ha hecho ya, de meterse en la cama temprano, de lavarse quizá por la noche y de no entretenerse mucho con el desayuno.

Es hora también de comprar **distintivos con el nombre del niño** y coserlos a su ropa y a sus «mascotas».

Finalmente, es aconsejable reservarse unos días, o incluso un par de semanas, de mayor **elasticidad profesional**, para que el niño pueda adaptarse progresivamente a su nuevo medio sin tener que hacer de buen principio jornadas de nueve o diez horas.

EL NIÑO DE 33 MESES A 3 AÑOS

¿QUIÉN ES EL NIÑO DE 33 MESES A 3 AÑOS?

LA PERSONALIDAD

Muchas frases, en el discurso ahora bien construido y más comprensible del niño de casi tres años, empiezan por un «yo» rotundo. Eso atestigua lo que es en este período: **un muchachito o una muchachita que se conoce bien y desea hacerse respetar.**

Sabe de lo que es capaz física e intelectualmente; sabe quién es y ya se ha situado entre los miembros de su familia. Sabe también lo que le pertenece en propiedad, haciendo inventario regular, y lo que no debe tocar. Está orgulloso de sí mismo, orgullosísimo, y se jacta delante de sus compañeros del coche de su papá o de los zapatos rojos de su mamá.

Como tiene conciencia de ser diferente de los demás, verifica su poder sobre ellos, lo que puede redundar en caprichos incesantes. En algunos momentos se muestra muy obediente y encantador, pero en otros puede ser igualmente autoritario e inflexible. **No sólo querría decidir por él, sino también por el prójimo.** Como, además, todavía le cuesta grandes esfuerzos negociar y esperar, a veces se refugia en crisis de rabia o de oposición.

¡Ay, cómo le gustaría decidir y actuar por su cuenta en todo lo que le atañe! Pero intuye lo pequeño que es aún y cuánto depende del adulto. Estos sentimientos contradictorios no son fáciles de asimilar, y no hay que sorprenderse si el niño se nos aparece, muy a menudo, voluble o si se pasa la vida contradiciéndose a sí mismo.

► Para los padres es difícil encontrar la actitud justa, ya que deben navegar entre dos aguas.

Por una parte hay que **confiar en él**, respetar sus deseos de libertad y darle manga ancha en todo aquello para lo que esté capacitado. Al niño le encanta que le consideren mayor y que le otorguen responsabilidades. ¡Se acabó llamarle «Mi bebé chiquitín»!

Al mismo tiempo, debemos **ofrecerle un entorno estable y protector**. Por mucho que se reivindique, el pequeño de esta edad sabe cuánto depende todavía de que le arropen y le guíen. Aprecia a los adultos capaces de resistirse a sus antojos, de no hacer su santa voluntad y de poner límites razonables a sus instintos. Es eso, en lo más profundo de su ser, lo que le transmite equilibrio. Por consiguiente, no es cuestión de abandonar una actitud educativa sazonada de firmeza cuando sea preciso.

Hacia los dos años y medio, y algunos a los tres, el niño necesita experiencias más ricas y un entorno más amplio que nunca.

Habla correctamente, es autónomo en lo relativo a su cuerpo, sabe orientarse en un medio social complejo: está a punto para ir a la escuela.

EL DESARROLLO FÍSICO

El niño, cada día más cómodo en su piel, corre con agilidad, se cae poco y prácticamente no se da golpes. Puede seguir a la familia en paseos a pie más o menos largos sin que tengan que transportarle. Come y bebe pulcramente. Sabe vestirse solo, incluso cuando hay que abrochar botones. Sólo le causan algunos problemas los cordones y los lazos. Por regla general, utiliza una mano prioritariamente en todas las actividades que demandan precisión.

EL LENGUAJE

Con su curiosidad ilimitada, **el niño hace infinidad de preguntas**, a las que no siempre es fácil contestar en palabras llanas y que demuestran su nivel de reflexión y de inteligencia. «Oye, ¿por qué...?», se convierte en el punto de partida de muchas conversaciones. Esos «por qués» se encadenan unos con otros hasta dejar al adulto sin respuesta más de una vez y más de dos. Él se percata de que los mayores no lo saben todo, lo cual es otro hallazgo importante.

Él, que nunca ha aprendido gramática, maneja su lengua materna con una corrección y una soltura que muchos extranjeros tardarán años en adquirir (si es que llegan a adquirirlas).

Los tres años marcan también la **época de las palabras infantiles**. Desbordantes de poesía, estas palabras revelan cómo funciona el proceso mental del niño y cómo aprende la lengua.

▶ Como es muy sensible a la magia y la música del lenguaje, **es el momento idóneo de leerle poemas, de elaborarlos juntos y hacer juegos de palabras**. Las rimas especialmente le divierten mucho, y le gustará jugar a encontrar sustantivos conocidos que terminen con el sonido «ión» o el sonido «ta».

Su vocabulario se enriquece con «palabrejas» groseras (generalmente todavía no se llega a las «palabrotas»), en mayor proporción si asiste a la escuela. El trinomio «pipí, caca, pedo» le hace desternillar de risa, y se asombrará de que sus padres también lo conozcan.

LA SOCIABILIDAD

La virulencia de los empellones, y por ende de las trifulcas, disminuye, a la vez porque el lenguaje, al mejorar, permite resolver muchos conflictos, y porque las relaciones con otros niños tienen **mayor cordialidad**.

Esperar su turno, no ser servido en primer lugar, no es ya tan frustrante ni una cruel injusticia. Compartir se hace posible e incluso deseable.

Los juegos se desarrollan habitualmente por **grupos pequeños**. Mientras que hasta hace poco tiempo todos querían mandar y se provocaban discordias sin fin, hoy se designa a un jefe de grupo que ejerce las funciones de líder. Sus pares lo reconocen como tal. El cabecilla es el que tiene más energía e ideas, y el que puede hacer funcionar el juego manteniendo la cohesión interna.

JUEGOS Y JUGUETES

Todos los juegos sugeridos en los trimestres anteriores continúan siendo válidos, y el niño cada vez los practica con más desenvoltura. Los rompecabezas que le interesan contienen más piezas y sus construcciones son más complicadas.

En el umbral de los tres años, el niño entra a fondo en la **edad de la imaginación**. Inventa historias, amigos de ficción, aventuras extraordinarias. Algunas veces se crea un compañero, humano o animal, al que da un nombre, un carácter y una vida propia. Es lícito preguntarse si no creerá realmente en su existencia cuando obliga incluso a sus padres a seguirle la corriente. En otros momentos, se zambulle por completo en un **juego de imitación** y encarna alternativamente a un bombero, una bailarina, un vaquero o una madre de familia, y todo con una convicción absoluta.

De hecho, el niño no se deja engañar por sus juegos, y sabe muy bien que no está en el mundo auténtico. Mas para él la línea divisoria no es tan clara como para nosotros, de modo que **algunas veces lo real y lo imaginario parecen entrelazarse**. No «miente» si dice que ha visto un oso en la calle o que es el gato de peluche el que ha derramado el vaso: únicamente embellece la realidad a fin de conformarla a sus deseos.

► Si quiere dar una gran alegría a un niño de esta edad, ponga a su disposición, para que sirva de marco a sus aventuras imaginarias, **un espacio lúdico que le pertenezca en exclusiva**. Si tiene sitio, un rincón del sótano o del desván sería perfecto. ¿Vive en una casa con jardín? Habilite una cabaña o un cenador. Si no, una sencilla tienda de indios, o bien una casita de cartón, plantadas en su dormitorio serán estupendos sustitutos. El pequeño se encontrará a sus anchas, esconderá allí sus tesoros y hará, con su fantasía, unos viajes maravillosos.

EL CLIMA EDUCATIVO

A algunos padres les cuesta decantarse por uno u otro método de educación. El rechazo a las reglas demasiado severas del pasado ha desembocado a menudo en actitudes laxas. Así, en nombre de la felicidad y la expansión del niño, se le deja libre en sus comportamientos. Pero últimamente la moda ha sufrido un nuevo vaivén, y volvemos a hablar de autoridad.

Los consejos, como los modelos, son confusos e incoherentes. Si a eso sumamos que, en las familias donde trabajan los dos cónyuges, prefieren muy justificadamente ocupar el tiempo que comparten con sus hijos en algo más constructivo que armar broncas, se comprende que tengan tantas dificultades para decidirse.

En los capítulos precedentes se encuentran recomendaciones sobre la manera en que sería preferible implantar la disciplina. Acto seguido se indican, brevemente enunciados, los resultados de algunas investigaciones que estudian las consecuencias de tal o cual sistema educativo; la mayoría de los expertos comparan tres maneras de ejercer la autoridad.

AUTORITARISMO

En este ambiente, las reglas y las prohibiciones son numerosas y se puntualizan claramente, pero no se explican. **Las decisiones se toman «en la cumbre» y no se discuten.** La estructura es rígida.

Si, por ejemplo, una regla dice que los niños no comen caramelos, ese veto se aplica en todo lugar y circunstancia. Las horas de comer o de acostarse no admi ten ninguna excepción. El cabeza de familia lleva la batuta en alto y nunca tiene en consideración los deseos de cada uno.

Se ha comprobado que quienes viven en esa clase de atmósfera reaccionan casi siempre con apatía. No toman iniciativas y acceden muy precariamente a la autonomía.

En algunos casos, las reacciones pueden cobrar la forma de **ataques repentinos de agresividad e insubordinación**.

LIBERALISMO

Aquí, la estructuración es débil. Todo depende del instante o de la persona. **No hay un reglamento fijo al que atenerse.** Un día se puede hacer tal cosa, pero no al siguiente, porque las circunstancias han cambiado. Los niños quedan frecuentemente a sus propios auspicios: los padres les dan carta blanca, esperando que encuentren las respuestas por sí mismos. Los errores no reciben sanción.

En este clima, los pequeños **pronto se pierden**. No tienen hitos en los que apoyarse y nunca saben «por dónde irán los tiros». La mayoría de ellos **aprovechan para exigir mucho** y se vuelven intratables. Buscan unos límites que nadie les marca. La ansiedad resultante se manifiesta en forma de una fuerte agresividad.

DEMOCRACIA

La estructura de la educación es sólida pero flexible: **las reglas existen y los padres se preocupan de hacerlas cumplir. No obstante, esas reglas se han definido de acuerdo con las necesidades de cada uno.** Los deseos de los niños son escuchados y tenidos en cuenta, de tal suerte que las normas toleran excepciones. Por ejemplo, pueden acostarse más tarde durante las vacaciones, o bien les dejan comerse el caramelo que les han regalado. Aunque los comportamientos de los padres son estables, las reglas **evolucionan con la edad** de los niños y todas las decisiones «negociables» se toman **en común**.

Este clima, según todos los análisis, es el más eficaz, el que permite una **mayor plenitud** y bienestar. El grado de hostilidad es mínimo.

Otros dos criterios reforzarán aún más los efectos ventajosos del «régimen democrático»: **que los padres estén de acuerdo** en las modalidades educativas, y **que sean tolerantes** con el ruido y el desorden generados por el niño.

LA LLEGADA AL PARVULARIO

Al margen de lo que haya vivido previamente su hijo, y aunque haya pasado ya por la guardería, la entrada en el parvulario es siempre **una prueba** un poco difícil y angustiosa. Esto no sólo es para el niño sino también para su madre.

La consigna en este terreno es **asegurarse el tanto**. Cuanto mejor preparado esté el niño menos inquietudes tendrá el día «H», menos perdido y abandonado se sentirá en su nuevo entorno.

No obstante, aunque haya seguido los consejos que se exponen en el trimestre anterior, es probable que su hijo, contagiado por el ambiente general, se aferre a su mano cuando le acompañe al aula. En el momento de dejarle en clase, su gran desconsuelo con lágrimas auténticas le pondrá al borde de la desesperación y le hará carcomerse de remordimientos. Como todas las madres, el primer mediodía o la primera tarde irá a recogerle con precipitación.

▶ Este trance, por doloroso que sea, no durará mucho tiempo, una semana o a lo sumo dos, si pone en práctica unas pequeñas sugerencias de universalmente probada utilidad.

▪ Desde la primera mañana, procure **despertar a su hijo con la suficiente antelación** para no tener que apremiarle. No se impaciente ni le pida que corra.

▪ **Déjele desayunar con tranquilidad**; piense en lo que le gusta.

■ **Vístalo con ropa y con zapatos que se pueda quitar y ajustar cómodamente.**

■ Métale en el bolsillo un **pañuelo** donde habrá vertido unas gotas de su colonia habitual para evocar su presencia, o bien un pequeño objeto que le recuerde el hogar y que pueda apretujar a escondidas de todos. En el otro bolsillo, póngale una **golosina**: le encantará encontrarla durante el recreo.

■ En una bolsa con su nombre, coloque una **muda completa** (podría suceder un «accidente») y la **«mascota»**, que le permitirá consolarse o dormir confiadamente la siesta. Las dos deben estar bien identificadas, al igual que el abrigo, los zapatos y todas las pertenencias del niño.

■ Háblele, **explíquele una vez más** con calma que desde hoy irá a la escuela todos los días, como usted acude a su trabajo, igual que hacen los otros adultos, y que pasará a buscarle después de la siesta o del almuerzo (es bueno, al principio, darle la posibilidad de adaptarse haciendo jornadas cortas).

■ **Domine su propia ansiedad**, que el niño percibe muy bien. Si contradice con el gesto un discurso tranquilizador, el pequeño piensa que le oculta cosas inquietantes y tiene miedo.

■ **Sea tolerante**: puede ser que el niño, durante unos días, coma y duerma mal, que esté más nervioso o vuelva a hacerse pipí en la cama. El orden se restablecerá enseguida.

■ Por último, una vez haya puesto a su hijo en manos de la maestra y haya pasado en la clase un tiempo prudente, **sepa decirle adiós**. Eso significa no dejarle a toda prisa y rehuir su pena, ni aprovechar que mira hacia otro sitio, ni despedirse diez veces y volver atrás once. Un beso cariñoso, el porte sereno y convencido, dos palabras a la maestra, una última señal con la mano, siempre sonriente... Y ya puede marcharse.

Actuando de este modo, no debería haber ningún tropiezo. Si, pasadas unas semanas, el niño continuase llorando por la mañana y la maestra le confirma que está triste y poco activo todo el día, convendría buscar las causas a través de una consulta psicológica.

▶ De ahora en adelante, recuerde que una buena escolaridad depende fundamentalmente de tres hechos muy simples:

■ **El niño duerme lo suficiente** (la escuela es agotadora).

■ **Toma un buen desayuno** antes de irse (si le gusta, déjele el biberón).

■ **Uno de los padres mantiene un contacto al menos semanal con su maestra.** Ella le comunicará lo que hace y vive en la escuela, y usted la informará de los acontecimientos adyacentes al niño que pueden tener una influencia en su conducta (una patología particular, enfermedades leves, un fin de semana especial, un evento familiar feliz o desgraciado). El niño es muy sensible a la confianza y la comunicación que existe entre sus padres y sus educadores.

EL CANSANCIO EN EL PARVULARIO

En las semanas o los meses siguientes a la incorporación de un niño en el parvulario, es frecuente que acuse el «golpe» en forma de una intensa fatiga. Las razones son diversas:

- **El niño tiene un horario demasiado largo.** No solamente la jornada escolar suele empezar muy temprano, sino que además numerosos niños pasan un tiempo en el servicio de permanencias, donde sus padres los dejan antes de la hora. Empalman clase (ruido, autocontrol, agitación), comedor (el bullicio es a veces ensordecedor y por lo tanto fatigoso), más clase, y de nuevo la permanencia vespertina, que se ofrece a cuidar a los alumnos hasta las siete de la tarde.

- **Los ritmos vitales del niño no son respetados.** No duerme todo lo necesario. La alternancia de los momentos de actividad, de concentración y de esparcimiento está mal equilibrada.

- **Se descuida el desayuno.** Debido al estrés, el apetito del crío aún somnoliento no puede manifestarse. Si no toma un refrigerio nutritivo hacia las diez, no podrá aguantar hasta el mediodía sin «desfallecer».

¿Qué se puede hacer al respecto?

- En primer lugar, **vigilar el descanso nocturno**, fuente de toda buena recuperación. El niño debe tener su ración de sueño, así que irá a acostarse y a dormir temprano. Para lograrlo es recomendable que en la casa reine un ambiente de paz y que la televisión esté siempre apagada.

■ También se ha de **cuidar la alimentación**. En España, una gran mayoría de guarderías disponen de servicio de comedor, casi siempre con cocina propia. Los menús están controlados por las autoridades competentes y estudiados para ofrecer una dieta nutritiva y variada.

Hay que evitar que los niños lleven «chucherías» a la guardería, así como el picoteo en casa entre comidas, ya que les quita el apetito.

■ **Evitar que vea mucho la televisión.** A esta edad todavía no pueden seguir una trama argumental, y menos aún un reportaje o los noticiarios. En contrapartida, les fascina fácilmente la imagen en movimiento. Pero el ruido, los cambios de luz, la rapidez de las secuencias, son un factor importante de cansancio y «sobreestímulo» más que de relajación.

Si debe sentarlo frente al televisor, seleccione cuidadosamente el programa que sintoniza. Pero, sobre todo, no le deje terminar la velada delante del aparato. Hay maneras más armoniosas y más pacíficas de entregarse al sueño.

■ Otra fuente indebida de estímulo, de ansiedad y de fatiga son las **actividades extraescolares** que hacen los niños cuando a sus padres les entra la prisa para que aprendan inglés, natación, cerámica o la observancia de los buenos modales.

¡Alto! No les prepare ya una agenda de ministro. Todavía no se juegan nada en la carrera del éxito. Al regresar a casa, su hijo tiene derecho a descansar, a aburrirse, a «no hacer nada».

■ Para terminar, hay que proporcionar a su vida una **higiene general lo más sana posible**. Algunos elementos son: calefacción suave, estancias ventiladas, ropa ancha y cómoda, momentos de descanso sin actividades concretas, paseos por la naturaleza, o bien compartir el ocio con diversiones que sean accesibles a todos los miembros de la familia.

EL NACIMIENTO DE UN SEGUNDO HIJO

Esta vez, por fin, ha dado el paso decisivo de agrandar la familia. Va a nacer su segundo hijo. Pero haber tomado la determinación no le impide tener dudas e interrogantes. Se hace multitud de preguntas.

Ese cambio radical, que costará tantos esfuerzos a todos, ¿merece realmente la pena? ¿Y si fuesen unos «malos» padres, incapaces de querer al segundo niño tanto como al primero? ¿Está bien poner en entredicho ese grato equilibrio a tres que tan arduo fue establecer al comienzo?

Se augura una nueva dicha para todo el mundo, pero también unos planteamientos distintos, complicaciones, una disponibilidad que tendrá que ser total.

¿Cómo asumir todo esto y, esencialmente, cómo enfocárselo al hijo actual, que pasará a ser el mayor, para que tenga la impresión de un incremento de vida y no de una privación de amor? Querríamos ahorrarle el sufrimiento, los dolores, los aprendizajes demasiado duros, sin pensar que forman parte de la existencia. Y también es difícil, en esos momentos, no trasladarnos a nuestro propio pasado, a nuestros antiguos sentimientos fraternales... ¿Tuvo que vivir, en su infancia, la llegada al hogar de un nuevo bebé?

CUÁNDO ANUNCIÁRSELO AL NIÑO

Muchos padres se preguntan en qué momento hay que informar al hijo mayor del embarazo de la madre. Temen que si se entera demasiado pronto, los nueve meses de intervalo le parezcan larguísimos. Yo opino que, a pesar de todo, hay que darle la buena nueva en cuanto tengamos la certeza, por una razón poderosa: él ya lo sabe. Y no es precisamente con palabras (aunque ignoramos cómo actúa ese sexto sentido que poseen los muy pequeños y que pierden más adelante), sino con una intuición infalible.

Su hijo ha captado la espera, su alegría, sus resquemores, un cambio de ambiente o de talante, un mayor cansancio, ¡qué sé yo! Estos indicios que nota indefectiblemente podrían sumirlo en la angustia mientras no sepa cuál es su causa. Desde luego, los nueve meses serán largos, pero **el niño también necesita tiempo** para prepararse, aunque no tenga la capacidad de imaginar cómo será su hermanito ni en qué medida cambiará su vida.

Debe dar la noticia a su hijo para compartir este período con él, un miembro de pleno derecho de la comunidad familiar. **Si participa paso a paso, se sentirá mayor** y menos tentado de caer en un retroceso. Tómese tiempo a la hora de explicarle que el embarazo es una decisión de los padres, que no tiene obligación de desear ni de querer a su futuro hermano y que su cariño por él permanece inalterable.

LA DESAZÓN DEL MAYOR

Aunque su hijo aparente haber ansiado con usted este nuevo nacimiento, y aunque le haya preparado lo mejor posible vinculándole a cada etapa, tenga presente que, **a pesar de todo, sentirá celos** y vivirá, a su propia escala, una auténtica odisea. No obstante, es una odisea que le permite crecer. Hasta ahora era el centro de sus atenciones y de su admiración. Era el eje de un microcosmos que giraba a su alrededor. Hoy mismo, todavía le trataba como a «su niño». De pronto su posición privilegiada desaparece: todo se derrumba. Ya no es a él a quien contemplan, sino a una criatura minúscula. ¿Y le habían prometido un compañero de juegos? Pero si ese bebé sólo sabe comer, llorar y dormir... Además, monopoliza a su madre las veinticuatro horas del día.

El niño reflexiona, pero no comprende muy bien qué puede despertar tal entusiasmo. Entonces, por si acaso, empezará a hacer lo mismo que su hermano y adoptará nuevamente **comportamientos de bebé** que había abandonado tiempo atrás.

Hasta aquí todo es normal, pero la situación se agravaría si el mayor se encerrase en sí mismo en vez de expresar su desamparo y se obstinara en seguir una conducta regresiva. Por el contrario, es más saludable que exteriorice sus sentimientos: la misión de los padres será **ayudarle a manifestar lo que siente** y garantizarle su comprensión. Es bueno que le dediquen un tiempo en exclusiva a su hijo mayor. Hablarle, mostrarse calmado y condescendiente, **reiterarle nuestro amor y nuestro interés intactos**, son comportamientos paternos que permitirán al niño vencer la ansiedad en la que vive inmerso, y que podría definirse así: «Si mi madre quiere a otro es que ya no me quiere a mí, o al menos ya no tanto.»

EL LUGAR DEL SEGUNDO

Ciertos padres, en su extrema preocupación por el bienestar del primogénito, llegan a sentirse culpables de haberle impuesto tamaña prueba. Desearían protegerle hasta el punto de negarle al segundo el lugar que le corresponde en buena ley y minimizan el cariño que le tienen.

Este proceder es perjudicial para ambos niños. Para el segundo, porque necesita su afecto tanto como el otro. Para el mayor, porque es un error querer evitarle hasta tal extremo los reveses de la vida. Es afrontándolos, con nuestro apoyo, como madurará.

▶ Sería preferible decirle al mayor algo así: «*Entiendo muy bien que te disguste la llegada del bebé. No te pido que le quieras, sólo que no le hagas daño; porque yo sí le quiero, aunque de una manera distinta a ti, por supuesto. Tú tienes una forma de ser que te hace diferente de los demás, te has convertido ya en un hombrecito, y me siento orgulloso de ti. Siempre serás mi hijo mayor, por eso y por todo lo que eres te considero único, y mi amor por ti es también único e irrepetible.*»

Si este malestar del primer hijo es comprendido y aceptado por los padres, el nacimiento de su hermano será para él una **oportunidad importante de adquirir más madurez, volverse más responsable y ejercitar nuevas aptitudes**.

Algunos niños, movidos por el orgullo de ascender a la categoría de hermano mayor, logran al fin superar la incontinencia, hacer notorios progresos con el lenguaje o conquistar la autonomía de un modo u otro. Los adultos pueden alentarles solicitando su ayuda en los cuidados del recién nacido y demostrándoles definitivamente que están en el campo de los mayores y no ya en el de los pequeños y los bebés, donde el más mimado y admirado de los dos es quien defeca en los pañales y se despierta a media noche.

▶ Una equivocación muy común consiste en «aprovechar» el nacimiento del segundo hijo para modificar facetas importantes en la vida de su hermano, a veces simplemente porque se reestructura la familia. Así, su advenimiento coincide con una mudanza, o quizá con el ingreso del mayor en el parvulario o la guardería, o bien se le exige sin más que ceda su cama, e incluso su habitación, al recién llegado.

Estas coincidencias son muy desafortunadas, porque el niño hará responsable al bebé de la incomodidad de los cambios que le imponen. Le tomará inquina y se sentirá desdichado por lo que él vivirá probablemente como un rechazo.

Por ese motivo los padres deben, durante el embarazo y los primeros meses del bebé, estar muy atentos a todo lo que su otro hijo podría interpretar como una muestra de desamor o como su expulsión de un lugar donde le reemplaza el hermano intruso.

Sean cuales fueren las precauciones que se tomen y el diálogo que se instaure, el nacimiento de un segundo bebé es difícil para el hijo mayor y rara vez se desarrolla con una serenidad total.

Una actitud compuesta de paciencia, afectividad y comprensión ayudará excelentemente a todos los interesados a encontrar su espacio en la nueva constelación familiar.

EL HIJO ÚNICO

Nuestras sociedades modernas, opulentas y confortables, cada vez dejan menos sitio a los niños. Los índices de natalidad bajan y aumenta el número de hijos únicos. Algunas parejas tienen un hijo porque las presiones sociales y afectivas son muy fuertes, para no perderse tal experiencia, porque los años pasan o porque se mueren de ganas. Pero no se deciden a engendrar el segundo: el piso les quedaría demasiado pequeño, la profesión absorbe mucho tiempo, el matrimonio se ha disuelto entretanto, se sienten desbordados sólo con uno... Para los padres, más hijos equivale a más preocupaciones, menos dinero y menos ocio. Sin embargo, ¿cómo lo vive el niño que ya existe?

Empecemos por arrugar la nariz frente a una idea preconcebida: **el hijo único no se vuelve forzosamente más egoísta que los otros**. Todo depende de cómo le eduquen. En cambio, a menudo es menos alegre, más ponderado, menos activo y se aburre en muchos momentos. Rodeado de paz, se inventa en solitario personajes, compañeros imaginarios, aventuras en las que encarna todos los papeles. Por el contrario, las proles numerosas son siempre un cúmulo de risas, de disputas, de cambalaches e interacciones diversas. Aunque cada niño tenga su dormitorio, nunca está solo demasiado tiempo. Este tumulto, a veces tan agobiante, es el testimonio de una infancia plena, porque refleja el aprendizaje de la vida.

Para comprender bien estos conceptos y educar mejor a un hijo único, hay que saber que sufre tres dificultades que se pueden resumir así: un demasiado pronto, un demasiado lleno y un demasiado vacío.

■ El niño se sumerge «demasiado pronto» en un **universo de adultos**. Si se tienen varios niños, se contrata a una «canguro» cuando uno se ausenta, pero el hijo único sigue a sus padres a todas partes. Testigo de su vida, confidente de sus problemas, adaptado a sus horarios, suele crecer excesivamente aprisa porque no está impregnado del mundo infantil. Por su actitud razonable, a veces es menos jovial y el portavoz de cuitas que no son las suyas.

■ El «demasiado lleno» corresponde al **exceso de presión** que centraliza el hijo único. En las familias más nutridas, se espera menos de cada niño; en consecuencia, tienen más libertad de seguir su propio camino. Pero el niño que **personifica él solo todas las esperanzas y las inversiones de sus padres** padece un ahogo mucho mayor. Con frecuencia no se le concede el derecho al fracaso, a ser diferente del hijo que soñaban sus progenitores. Cualquier primogénito es, al principio, el depositario de las ambiciones y los anhelos paternos, pero un día sus hermanos vienen a aliviar esta carga. El hijo único no tiene tanta suerte.

■ Por último, **el «demasiado vacío» representa todo aquello que el hijo único no conocerá jamás**; todo lo que a veces se sufre a causa de los hermanos, pero que acaba configurando nuestros mejores recuerdos: lo que nos hace más fuertes y más aptos para la vida social. Haber tenido que compartir diariamente la habitación, las muñecas, los lápices, las canicas y los secretos es una experiencia aleccionadora.

Al hijo único se le puede inculcar la noción de repartir de un modo generalizado, pero no en lo más fundamental, lo más terrible y lo más formativo: **el reparto del amor de la madre**, sus carantoñas y su tiempo. Es ésta una rivalidad dolorosa, sin ninguna duda, pero vital para aprender que no somos el centro del universo y que el mundo no nos pertenece. A muchos hijos únicos les cuesta aceptar, a sus propias expensas, no ser el objeto exclusivo de afecto y atención por parte de las personas que tratan.

No es en absoluto mi intención convencer a quienes no lo desean para que amplíen la familia, sino ayudarles a educar a su hijo único. Cuanto más integrado viva en un grupo de niños, más prosperará. Es enfrentarse con los otros y perder a veces lo que lo fortalece. Es que le dejen ser él mismo lo que le permite alcanzar la plenitud.

LA EDUCACIÓN SEXUAL

A los niños de hoy no se les tiene en la misma ignorancia del sexo que vivieron las generaciones precedentes. Niños y niñas se mezclan en toda clase de actividades, y los padres protegen menos su desnudez. Además, entre los dos y los tres años saben ya qué diferencias anatómicas distinguen a los hombres de las mujeres. Y saben también a qué sexo pertenecen, a cuál de sus padres se parecerán más adelante y de qué sexo son los adultos que conocen.

Que un niño se enorgullezca de su sexo, que confíe en su porvenir, depende enteramente de la **actitud de sus padres**. ¿Se sienten ellos satisfechos de ser quienes son? ¿Se muestran ambos respetuosos con el cónyuge en el trato mutuo y en como le hablan al niño del otro? ¿Quieren a su hijo sin importarles el sexo que tenga, o bien lamentan que no sea del contrario? ¿Le hablan de su futuro con confianza? ¿Tratan abiertamente a los chicos y las chicas de un modo distinto, es decir, discriminatorio? Son todos esos factores los que harán que un niño esté o no contento de ser varón y la niña orgullosa de su feminidad.

Es asimismo en esta época cuando empiezan a cuestionarse su origen y su nacimiento. ¿De dónde vienen los niños? ¿Cómo llegan hasta aquí? ¿Cómo salen a la luz? ¿Dónde estaban antes?

Les intrigan tales asuntos igual que **les intriga todo**, con una curiosidad sin prejuicios. Es el eventual titubeo que notarán en el enunciado de las respuestas lo que les hará pensar que estos temas no son «como los otros».

De hecho, a tan corta edad no necesitan un curso de anatomía. Se conforman con contestaciones sencillas y breves. Cuando quieran saber más detalles, ya los preguntarán.

A continuación expongo tres consejos que me parecen importantes, si bien, en estas cuestiones, cada uno reacciona según su propia sensibilidad.

- Sea parco, simplifique, pero **diga la verdad**. Si le resulta difícil encontrar las palabras, busque ayuda en los libros. ¡Pero olvídese de la cigüeña y del Espíritu Santo!

- **Existen términos muy exactos.** ¿Por qué no usarlos? Me parecen más a propósito que «pililà» o «conejito».

- **No omita el papel del padre**, aunque su hijo no le pregunte nada directamente. La madre no «ha fabricado sola al bebé», como afirman algunos dicharachos. Es fácil decirle que se precisan dos personas para concebir a un niño y que, sin su padre, jamás se habría desarrollado en el vientre materno.

UN PERRO EN LA FAMILIA

Los niños urbanos conocen poco a los animales, aunque se sienten atraídos por ellos y se vuelven locos de alegría cuando les llevamos al zoo o a la granja para ver, «en carne y hueso», a los héroes de sus cuentos y de los dibujos animados. Luego llega inevitablemente un día en el que piden tener uno en casa, y con prioridad un perro, porque es a todas luces cierto que constituye el compañero ideal, fiel y siempre disponible.

► Con un hijo de tres años de edad, es evidente que **la responsabilidad del animal recae totalmente en los padres**. Así pues, antes de acceder a su demanda y regalarle por su cumpleaños la preciosa bola de pelo que tanto reclama, hay que sopesar bien todos los inconvenientes que impone la presencia de un perro en el hogar.

■ ¿Tiene sitio suficiente? ¿Le quedará tiempo para cuidarlo? ¿Cómo solucionará las vacaciones? ¿Será el animal feliz en su casa, o sufrirá por falta de espacio o porque le dejen todo el día solo?

■ Puede ser revelador, si la petición del niño es apremiante, preguntarse los motivos. ¿Sufre también él de soledad? ¿Se aburrre? ¿Tiene dificultad para hacer amigos? ¿No será el ambiente doméstico demasiado «pacífico»? Es corriente que la solicitud de un animal encubra una necesidad más profunda, que es bueno solucionar.

Finalmente, se ha decidido. Cree que no puede hacerle a su hijo un regalo mejor. En ese sentido, tiene razón.

El perro aportará al niño un gran **caudal de afecto y de placer**. También le enseñará muchas cosas: la **fidelidad en la amistad, los derechos** que tiene con su animal, pero también los **deberes** que entraña.

■ Puede pasear a su compañero, despertarle por la mañana, jugar con él, hacerle rabiar amablemente. Pero deberá respetar sus necesidades de descanso y de alimento, aprender a conocer su carácter y sus gustos; deberá respetarle como el ser vivo que es, no un juguete ni un oso de peluche. También tendrá que aprender que un animal no es un niño, y no se le puede tratar como tal. Las relaciones entre ambos serán un éxito si el pequeño sabe atenerse a los límites que el perro le irá señalando.

■ Cuando la petición venga de un hijo único, habrá que tomarla especialmente en cuenta. Muchos de estos niños se sienten solos, inadaptados al mundo de adultos en el que tan a menudo deben desenvolverse. Echan de menos un cómplice, un interlocutor que pueda ser **confidente en unos momentos, compañero de juego en otros**. Les falta animación, ruido y movimiento a su alrededor, aunque inviten a sus amiguitos a jugar en casa o pasen el día en una colectividad. Todas esas carencias un perro las colmará a las mil maravillas.

EL APRENDIZAJE DE LAS ESTACIONES

El aprendizaje del tiempo es ciertamente uno de los más complejos, dada su abstracción, que un niño debe abordar. Para hacerle comprensible el ciclo temporal y su regularidad, las cuatro estaciones son de una gran ayuda. ¿Por qué no aprovechar la llegada de cada nueva estación para concretar esos conceptos tan difíciles de discernir de ningún otro modo?

Un niño pequeño, lógicamente, ha vivido pocas estaciones. Con su falta de perspectiva, cualquier novedad de su entorno puede erigirse en un objeto de descubrimiento y de un nuevo aprendizaje. Para cimentarlo, procure utilizar los cinco sentidos de su hijo, y no solamente la vista y el oído: déjele manipular, saborear, oler, experimentar...

Veamos algunas ideas:

- Cuelgue un **calendario grande** en la pared, a la altura del niño. Pinte cada estación de un color diferente y tache un día cada mañana.

- Atraiga la atención del pequeño sobre las **características específicas** de las estaciones: el descenso y la subida de las temperaturas (enséñele un termómetro), la caída de las hojas cobrizas, el nacimiento de los brotes verdes, los días más cortos o al revés, más largos, y así sucesivamente.

- Permítale **experimentar**. Recopilar hojas muertas, secarlas en un grueso catálogo y pegarlas para hacer láminas ilustradas, coger flores silvestres o bien asar y comer castañas, son todas ellas referencias temporales apasionantes.

También puede optarse por observar atentamente un árbol o un arbusto, a ser posible frutal, desde comienzos de la primavera (brotes, hojas, flores) hasta la maduración del fruto.

BIBLIOGRAFÍA

ATTALI, D. Y MARTINELLI, F., *Parent unique,* Lattès 1989.
BADINTER, E., *L'un est l'autre,* Odile Jacob 1986.
CHAUVEL, D. Y NORET, C., *Apprenez à relaxer vos enfants,* Retz 1980.
DODSON, F., *Le père et son enfant,* Marabout MS180.
–, *Être grands-parents aujourd'hui,* Marabout.
DOLTO, F., *Lorsque l'enfant paraît* (3 volúmenes), Seuil.
DUNN, R. W., *Cómo desarrollar el talento natural de su hijo,* Ediciones Médici, Barcelona 1995.
EYRE, L. Y R., *Cómo formar hijos con principios,* Ediciones Médici, Barcelona 1995.
FABER, A Y MAZLISH, E., *Jalousies et rivalités entre frères et soeurs,* Marabout.
FERBER, R., *Solucione los problemas de sueño de su hijo,* Ediciones Médici, Barcelona 1993.
GARBER, S., GARBER, M. Y SPIZMAN, R. F., *Portarse bien,* Ediciones Médici, Barcelona 1989.
GOLDSTEIN, R., *Educar día a día,* Ediciones Médici, Barcelona 1993.
JONES, C., *Cómo ser el mejor profesor de su hijo preescolar,* Ediciones Médici, Barcelona 1992.
JOSLIN, K. R., *El padre competente de la A a la Z,* Ediciones Médici, Barcelona 1996.
LANSKY, V., *Ideas prácticas para padres,* Ediciones Médici, Barcelona 1994.
MEEKS, C., *Recetas para educar,* Ediciones Médici, Barcelona 1993.
MOORE, C. E. y otros, *La alimentación del niño* (Colección Secretos), Ediciones Médici, Barcelona 1996.
MORTEMART, P. de, *Mi hijo se expresa bien,* Ediciones Médici, Barcelona 1997.

NAOURI, A., *Une place pour le père,* Seuil 1985.
ROGERS, C., *Liberté pour apprendre,* Dunod 1971.
SAMALIN, N., *Con el cariño no basta,* Ediciones Médici, Barcelona 1993.
SCHNEIDER, V., *Masaje infantil,* Ediciones Médici, Barcelona 1991.
TORRES, E., *Cómo despertar la curiosidad científica en su hijo,* Ediciones Médici, Barcelona 1993.
TURECKI, S., *El niño difícil,* Ediciones Médici, Barcelona 1995.
WELFORD, H., *Alimentación hasta los tres años*, Ediciones Médici, Barcelona 1997.
ZIGELMAN, D., *El pediatra a mano,* Ediciones Médici, Barcelona 1996.
ZWEIBACH, M., *El niño de 2 años* (Colección Secretos), Ediciones Médici, Barcelona 1996.
–, *El segundo hijo* (Colección Secretos), Ediciones Médici, Barcelona 1996.
–, *El niño de un año* (Colección Secretos), Ediciones Médici, Barcelona 1998.

ÍNDICE ALFABÉTICO

NOTAS

NOTAS

NOTAS

NOTAS